행복은 쉽게 찾을 수 없지만 어느 곳에나 있고,

행복은 돈으로 살 수 없지만 언제든지 구할 수 있습니다.

꼭 행복해야만 하는

_____님께

행복의 길을 선물합니다.

부처가되는 100가지 방법

백유경 百喩経
산책

2013년 11월 20일 초판 1쇄 발행

지은이│김성규
펴낸이│김숭빈
펴낸곳│도서출판 다문
주   소│서울특별시 성북구 보문동 7가 80-1 201호
등   일│1989년 5월 10일
등록번호│제6-85호
전   화│02-924-1140
팩   스│02-924-1147
이메일│bookpost@naver.com

* 책값은 표지의 뒷면에 있습니다.

ISBN 978-89-7146-046-7   03220

부처가되는 100가지 방법

백유경 百喻経
산책

66

너희들은 잘 들어라.
이제 너희들을 위하여
갖가지 비유를 들어 널리 설하리라.

99

부처가되는 100가지 방법

백유경 百喩経
산책

정명(淨名) 김성규 엮음

다문

세상에서 가장 귀한 보물

레바논 내란 중에 그곳을 여행하고 있던 한 미국인 대학생이 검문소에서 검문을 받게 됩니다. 경비병들은 총을 들이대면서 소리쳤습니다.

"당신은 이슬람교도인가? 기독교도인가?"

말 한마디에 목숨이 오갈 상황입니다. 미국인 젊은이는 또렷한 목소리로 주저하지 않고 대답합니다.

"나는 관광객일 뿐입니다."

이 한 마디로 그는 내란 속에 놓여 있던 레바논을 멋지게 여행할 수 있었습니다.

미국인 대학생이 내뱉은 미묘한 대답은 목숨이 걸린 극한 상황 속에서도 공포로부터 자유롭게 하였습니다. 여기 실린 우화들은 젊은 미국인 관광객과 같은 위트와 지혜가 담긴 이야기입니다.

어린이, 청소년에서부터 어른에 이르기까지 모두 읽으면서 미소 짓게 하는 우스갯소리도 많습니다. 그런 다음 글 속에 숨겨진 진주와도 같은 보석을 발견하게 될 것입니다. 이것은 부와 권력과 명예를 위해서 죽을지 살지도 모르고 달려드는 부나비 같은 우리의 인생을 한번 되돌아보게 하는 이야기들입니다. 마치 나뭇잎에 싸인 고약과도 같은 가르침에서 진정한 바른 삶이 어떤 것인지 잠시 비껴서서 생각하게 하는 이야기들입니다. 외부로만 치닫고 있는 현대인에게 자신의 절제와 성찰이 무엇과도 바꿀 수 없는 최상의 보물이라는 것을 이 우화는 가르쳐줍니다.

진리는 아무리 숨기려 해도 잘 감추어지지 않습니다. 불에 달구어진 금이 솜을 태우고 금의 모습을 드러내듯이 진리는 언젠가 스스로 드러나는 법입니다.

세상이 아무리 부패하더라도 정의는 부패를 거름 삼아 싹을 틔웁니다. 세상의 부도덕 마루가 높으면 높을수록 양심의 골짜기는 깊게 파여 마침내 진실의 강을 이루고 맙니다. 세상의 탐욕이 끝이 없어 여기저기 전쟁이 끊일 날이 없다 하더라도 무소유정신은 평화와 자유의 깃발을 더 높이 휘날릴 것입니다.

성내는 마음이 지옥까지 이르러 세상을 병들게 한다 하더라도 자애로움은 촛물 녹아내리듯이 성내는 마음을 녹여내고 세상의 빛이 될 것입니다.

진리는 무적입니다.

2013년 10월
김성규

차례

이 우화집이 이루어진 인연

어느 때, 부처님께서 왕사성 작봉죽원이라는 동산에 머물고 계셨습니다.

그때 그곳에는 큰 비구들과 위대한 보살들, 그리고 수행하는 많은 대중들이 있었습니다. 그 무리 가운데, 이교도인 바라문 500명도 함께 자리를 하고 있었는데, 그중에서 한 사람이 일어나 부처님께 예를 올린 뒤 여쭈었습니다.

"부처님의 가르침은 매우 크고 깊어 능히 미칠 자가 없다고 들었습니다. 바라건대 저희들을 위하여 말씀하여 주시옵소서."

부처님께서 말씀하셨습니다.

"좋은 얘기다. 잘 왔구나."

바라문은 조용히 여쭈었습니다.

"천하의 모든 것은 작용이 있습니까, 작용이 없습니까? 즉, 만든 자가 있습니까, 없습니까?"

부처께서 대답하셨습니다.

"있기도 하고 없기도 하느니라."

바라문이 다시 여쭈었습니다.

"언제는 있다고 하고 언제는 없다고 합니까?"

부처님께서 대답하셨습니다.

"산 자를 있다고 하고 죽은 자를 없다고 하기 때문에 인연이 화합하여 작용을 하면 있다고 하느니라."

"사람이 어떻게 해서 태어났습니까?"

"사람은 업에 의해서 태어나고 또 살아가느니라."

"몸은 어떻게 생겼습니까?"

"몸은 흙, 물, 불, 바람과 공에서 생겼느니라."

"흙, 물, 불, 바람은 어디서 생겼습니까?"

"흙, 물, 불, 바람은 허공에서 생겼느니라."

"허공은 어디서 생겼습니까?"

"허공은 존재와 가지고 있는 바가 없는 데서 생겼느니라."

"그것은 어디서 생겼습니까?"

"그것들은 자연에서 생겼느니라."

"자연은 어디서 생겼습니까?"

"자연은 열반에서 생겼느니라."

"열반은 어디서 생겼습니까?"

바라문이 질문을 하자 부처님께서 이렇게 말씀하셨습니다.

"열반이라는 것은 생겨나거나 사라지는 일이 없는 법이니라."

바라문이 다시 여쭈었습니다.

"그러면 부처님은 열반을 알고 계십니까?"

부처님께서는 그의 물음이 심히 어리석다고 생각하고는 그에게 진리를 이해시키기 위하여 반문하셨습니다.

"내 이제 너에게 묻는다. 중생의 삶은 괴로움이냐, 즐거움이냐?"

"중생의 삶은 심히 괴롭습니다."

"왜 괴롭다고 하느냐?"

"중생이 죽을 때 괴로워하는 것을 보았습니다. 너무 괴로워 어쩔 줄 모르는 것을 보고 죽음은 괴로움이라는 것을 알았습니다."

"너는 아직 죽지도 않았는데 어떻게 죽음이 괴로움인 줄 아느냐?"

"……."

"네가 이제 죽지 않고도 죽음이 괴로움임을 알듯이, 내가 시방의 모든 부처가 나고 죽음 없는 열반의 경지를 체득하여 영원히 즐겁고 청정하고 자아에 어둡지 않음을 보고 열반이 항상 즐거움임을 아느니라."

이때 자리에 모였던 500명의 바라문은 의심이 풀리고 마음이 열렸습니다. 그리고 다시 자리에 앉았을 때였습니다.

"너희들은 잘 들어라. 이제 너희들을 위하여 갖가지 비유를 들어 널리 설하리라."

부처님께서 곧 이 비유를 말씀하시게 되었습니다.

500명의 바라문은 부처께 다섯 가지 계율을 받았습니다. 그 뒤 그들은 열심히 수행하여 지혜의 문을 열게 되었습니다.

왜 이렇게 맛이 없지?

어떤 어리석은 사람이 있었습니다. 하루는 이웃집에 가서 주인과 함께 음식을 먹었습니다. 그런데 음식이 너무 싱거워 맛이 없다고 불평을 터뜨렸습니다.

"왜 이렇게 맛이 없지?"

주인이 이 말을 듣고 소금을 조금 넣었습니다. 그는 소금을 넣은 음식을 먹어 보고는, '음식의 맛을 내는 것이 소금이구나. 조금만 넣어도 이렇게 맛이 나는데 소금만 먹으면 얼마나 맛이 좋을까?' 라고 생각했습니다.

그 뒤로 어리석은 사람은 소금만 먹었습니다. 무지하게 소금만 먹었기 때문에 입맛을 잃고 도리어 병이 나 죽고 말았습니다.

이것은 마치 사람들이 음식을 절제하여야 도를 얻을 수 있다는 말을 듣고, 일주일 또는 보름씩 아무것도 먹지 않아 도를 이루는 데 방해물이 되는 것과 같습니다.

어리석은 사람이 소금을 넣은 음식이 맛있다고 소금만 먹어 입맛을 잃어버리고 병이 나는 것처럼, 사람들이 올바른 길로 나아가려 할 때 지나친 어리석음 때문에 진실한 도에 이르지 못하는 것과 같습니다.

지혜를 체득한다는 것은 무엇보다 중요한 일입니다. 지식이란 똑같은 상황이 벌어졌을 때는 요긴하게 쓸 수 있지만, 상황이 달라지면 적용하기 어렵습니다. 그렇지만 지혜가 성숙되어 있는 사람은 어떤 상황에 부딪치더라도 헤쳐 나갈 수 있는 힘이 있습니다.

바로 이러한 점이 지식과 지혜의 차이입니다.

음식의 맛과 소금의 관계처럼 세상의 모든 이치는 상대적입니다. 소금에 의해서만 맛이 주어지는 것이 아니라 음식과의 관계 속에서 적당하게 간을 맞추어야만 맛이 더해지는 것처럼, 상대성을 이해할 때 지혜는 성숙됩니다.

주체적인 입장에서 주관적으로 보는 것보다는 상대방과의 연관 속에서, 객관적으로 조건지어진 관계 속에서 파악해야 되는 것이 우리의 삶입니다.

이 세상을 살아가는 데 우리 모두는 똑같은 소금이지만 세상을 풍요롭게 하는 지혜로운 소금일 수도 있고, 세상을 병들게 하는 어리석은 소금이 될 수도 있습니다.

소젖을 모아 둔 사람

어떤 사람이 잔칫날 손님을 청하여 우유를 대접하려고 하였습니다. 그는 곰곰이 생각했습니다.

'날마다 우유를 짜면 우유가 많아져서 보관할 곳이 없을 것이다. 차라리 소젖을 소의 배 속에 모아 두었다가 한꺼번에 짜는 것이 좋겠다.'

그래서 그는 어미소와 새끼소를 따로 매어 두었습니다.

한 달이 지나 잔칫날이 되어 손님들이 찾아왔습니다. 그는 손님들에게 우유를 대접하려고 소를 끌고 왔습니다. 그러나 젖을 짜려고 했지만, 소젖은 이미 말라 없어지고 말았습니다. 손님들은 화내면서 비웃었습니다. 그는 창피만 톡톡히 당한 것입니다.

어리석은 사람은 이와 같습니다.

남에게 베풀어 주는 보시를 행함에 있어서 '재물이 많이 모인 뒤에 한꺼번에 보시하리라' 하고 생각하는 것도 이와 같이 어리석은 짓입니다. 왜냐하면 재물이란 오래가지 않아 사라지게 마련이기 때문입니다. 모이기 전에 관청에 빼앗기고 도둑맞거나, 홍수에 쓸려 보내거나, 화재가 나서 타 버릴 수도 있기 때문입니다.

또 갑자기 세상을 떠나게 된다면, 적절한 때에 보시하지 못하게 됩니다. 이런 사람들은 제때 짜지 않고 소의 배 속에 소젖을 모아 두었다가 한꺼번에 짜서 잔치하려던 어리석은 사람과 똑같은 것입니다.

어떤 일이든지 그날그날 계획을 세워서 실천하고 잠자리에 들 때는 반성하면서 더 나은 내일을 설계하는 사람이 있는가 하면, 며칠씩 미루다가 한꺼번에 처리하려는 사람도 있습니다.

우리에게는 과거, 현재, 미래가 있습니다. 그러나 과거나 미래는 현재가 있음으로써 존재한다는 것을 인식해야 합니다.

"우리의 삶이 얼마나 되겠느냐?"

하루는 부처님께서 제자들을 둘러보시며 물었습니다.

한 제자가 대답했습니다.

"우리의 생명은 윤회하기 때문에 수억 년입니다."

다른 제자가 대답했습니다.

"우리의 생명은 백년입니다."

또 다른 제자가 대답했습니다.

"우리의 생명은 한 10분 정도 됩니다."

그러자 부처님께서 빙그레 웃으시면서 말씀하셨습니다.

"우리의 삶은 호흡지간에 있다."

내가 존재하고 있는 이 순간이 무엇보다도 중요합니다. 오늘 해야 할 일을 미루어 놓았다가 한꺼번에 한다는 생각이나, 돈을 벌어 부자가 된 후에 가난한 사람을 도와 준다는 생각은 젖소의 배 속에 우유를 모아 두었다가 잔치하려고 했던 어리석은 사람과 다를 바가 없습니다.

지혜로운 사람은 오늘 해야 할 일을 내일로 미루지 않으며, 이생에서 해야 할 일을 다음 생으로 미루지 않습니다. 또한 가난한 이웃과 더불어 이 세상을 살아간다는 평상심으로 가난하고 아픈 이웃을 내 몸같이, 친척같이 사랑합니다.

볶아서 심은 참깨

어떤 사람이 생깨를 먹어 보았습니다. 그러나 맛이 없었습니다. 하루는 이웃집에 놀러 갔다가 우연히 볶은 깨를 먹게 되었습니다. 볶은 깨에선 독특한 향과 고소한 맛이 났습니다.

그래서 물었습니다.

"이 깨는 어쩌면 이렇게 고소하지요?"

주인이 대답했습니다.

"생깨가 맛이 없어 볶았더니 이렇게 고소하구려."

이 말을 듣고 그는 생각했습니다.

'아예 깨를 볶아서 심는다면 고소한 깨를 얻을 수 있겠구나.'

그는 깨를 볶아서 심었습니다. 그러나 아무리 기다려도 싹이 나지 않았습니다. 그는 고개를 갸우뚱거리며 이웃집 주인을 찾아가 그 사실을 말했습니다. 주인은 웃으면서 말했습니다.

"이 어리석은 사람아, 깨를 볶아 심으면 어떻게 싹이 나겠는가?"

그는 창피만 톡톡히 당하고 말았습니다.

이것은 보살로서 부처님의 가르침에 따라 오랜 겁 동안 어렵게

도를 닦다가 그것이 즐겁지 않다 하여 '차라리 아라한이 되어 속히 생사를 끊는다면 그 공이 매우 쉽겠다' 라고 생각하는 것과 같은 것입니다.

속담에 '까마귀 날자 배 떨어진다' 는 말이 있습니다. 내용은 다음과 같은 인연 설화를 얘기하고 있습니다.

나뭇가지에 무심코 앉아 있던 까마귀가 날자 배가 떨어집니다. 마침 밑에 둥지를 틀고 앉아 있던 꿩이 배에 맞아 죽었습니다. 다음 생에 까마귀는 사슴으로, 꿩은 산돼지로 태어났습니다. 전생이 꿩인 산돼지가 산 위로 올라가는데 돌이 뒷발에 걸려 굴러떨어집니다. 그때 산 아래에서 풀을 뜯고 있던 전생에 까마귀였던 사슴이 그 돌에 맞아 죽습니다. 다시 그 사슴은 죽어 사람으로 태어나 포수가 되었습니다. 하루는 사냥을 나갔다가 그 산돼지를 만나 단숨에 산돼지를 죽였습니다.

이와 같이 은원의 관계는 다람쥐 쳇바퀴 돌듯 돌고 있으며 인과법은 철두철미합니다. 자신이 뿌려 놓은 조그마한 정성과 베풂이 언젠가는 몇 곱절의 이자가 붙어 자신의 통장으로 다시 돌아옵니다.

깨를 볶아 심는 사람처럼 자신의 좋은 종자를 망쳐 놓고, 더 큰 열매를 기다리는 어리석음을 우리는 범하지 않는지요?

세상이야 어떻게 돌아가든 콩 심은 데 콩 나고 팥 심은 데 팥 나는 법입니다.

코를 바꾸려 한 이야기

절세미인을 아내로 맞이한 남자가 있었습니다. 아내는 눈, 입, 귀, 손, 발 등 나무랄 데 없이 아름다웠습니다. 그러나 전체적인 아름다움에 비해 코가 좀 낮아 미운 편이었습니다.

어느 날, 그는 지나가는 어떤 여인의 예쁜 코를 보고 '저 코를 베어다가 아내의 얼굴에 붙이면 좋겠구나' 하고 생각했습니다. 코를 벨 수 있는 기회를 찾다가 마침내 그 여인의 코를 베어서 집으로 달려왔습니다. 대문을 밀치고 들어서면서 급히 아내를 불렀습니다.

"여보! 빨리 나오구려. 당신에게 예쁜 코를 주리다."

그는 아내가 나오자 곧장 코를 베어 버리고 그 자리에 예쁜 여인의 코를 붙이려 했습니다. 그러나 코는 좀처럼 붙지 않았습니다. 결국 아내는 코가 없어져 얼굴에 콧구멍만 달랑 남아 흉한 얼굴이 되고 말았습니다.

어떤 이들은 공과 덕이 있어 세상에서 큰 이름을 얻은 바라문이나 슈라마나를 보고 "나도 저들과 다르지 않다" 하고 말합니다.

거짓은 드러나게 마련이며 또한 거짓은 죄가 되어 자신에게 있는 조그마한 덕마저 해치게 되고, 자신뿐만 아니라 남까지 괴롭히는 결과를 낳게 됩니다.

'남의 밥의 콩이 더 커 보인다'는 속담이 있습니다. 남의 것이라고 다 좋은 것은 아닙니다. 자신의 조건과 어울릴 때 좋은 것이 되는 것입니다.

열대지방에서 자라고 있는 야자나무를 보기 좋다고 한대지방에 옮겨 심어 놓으면 잘 자랄 수 있을까요? 미국에서 행해지고 있는 제도가 좋다고 우리나라에 그대로 시행하면 좋은 제도가 될 수 있을까요? 내 아이의 재능에 맞지 않는 것을 다른 아이들이 한다고 억지로 시킨다면 그 아이는 정상적으로 자랄 수 있을까요? 어떤 것이라도 있을 자리에 있어야 아름다운 법이며, 자신의 능력대로 삶을 개발시켜 줄 때 빛나는 법입니다.

거지에게 깨끗한 비단 옷을 입혀 놓는다면 보기 좋을까요? 거지에게는 누덕누덕 기운 누더기 옷이 어울리는 법입니다. 마찬가지로 모든 것을 포기하고 오로지 깨달음의 길을 걷는 수행자에게 먹물 옷이 어울리는 법입니다.

신의 존재가 가능했던 서구의 문화는 그 나름대로의 기후와 풍토와 그들의 성격에 어울리는 문화를 창출합니다.

남의 것이 더 크고 좋은 것은 아닙니다.

지혜로운 자는 하잘것없는 자신의 것에 정성을 쏟음으로써 위대한 역사를 엮어냅니다.

왕의 눈을 흉내낸 신하

어떤 어리석은 사람이 있었습니다. 관록의 복은 있었던지 그는 왕의 곁에서 일하게 되었습니다.

그는 왕의 환심을 하고 싶어서 다른 사람에게 물었습니다.

"어떻게 하면 왕의 마음에 들 수 있겠소?"

"간단하다오."

"도대체 어떻게 하면 되는 거요?"

"왕의 모습을 본받는 것입니다."

그 후, 어리석은 사람은 왕의 동정을 잘 살폈습니다. 어느 날, 왕이 눈을 실룩거렸습니다. 그러자 그도 왕처럼 눈을 실룩거렸습니다. 그것을 본 왕이 물었습니다.

"자네, 혹시 눈병이라도 났는가?"

"아닙니다. 제 눈은 멀쩡합니다."

"그러면 혹 바람을 맞았는가?"

"그런 것도 아닙니다."

"그러면 눈에 티라도 들어간 모양이구나."

"아닙니다. 눈에 티가 들어간 것도 아닙니다."

"그런데 왜 눈을 실룩거리는가?"

"예, 저는 다만 대왕님을 공경하는 마음으로 본받기 위해서 대왕님을 따라 하기로 했습니다. 그래서 대왕님의 눈이 실룩거리기에 저도 따라 한 것뿐입니다."

"이런 고약하고 발칙한 놈을 봤나? 무례하기 짝이 없구나."

왕은 노발대발하여 그를 쫓아 버렸습니다.

어떤 무사가 무사 수업의 길을 떠났습니다. 봉술의 달인과 한판 대결을 앞둔 어느 날 저녁, 무사는 봉술 쓰는 법을 배우기로 했습니다. 밤새도록 봉술을 익히면서 허점도 연구했습니다. 부옇게 밝아 오는 새벽녘이 되자 문득 자신이 아무리 급히 봉술을 익힌다 하더라도 봉술의 달인과 대결한다면 패할 것이라는 사실을 깨닫게 됩니다. 그래서 자신이 이제까지 사용한 검술로 대결할 것을 결심합니다.

우리는 흔히 서구사회처럼 되어야 잘사는 것으로 생각합니다. 우리가 아무리 서구인을 모방해도 서구인이 될 수는 없습니다. 이 세상에 나와 똑같은 사람은 하나도 없습니다. 나에게는 나만의 고유한 장점이 있습니다. 남의 흉내만 내려 한다면 진실로 가치 있는 일을 할 수 없습니다.

우리는 우리의 길을 걸어가야 합니다.

지혜로운 자는 자신의 능력이 성숙될 때까지 참고 노력하는 기다림의 의미를 아는 사람입니다.

오두막집과 귀신

어느 마을에 오래된 오두막이 있었습니다. 마을 사람들은 이 오두막에 귀신이 있다고 믿고 얼씬도 하지 않았습니다.

어느 날, 길을 가던 두 나그네가 이 마을에서 하룻밤 쉬어 가기를 청했습니다. 그러나 집집마다 얼굴만 삐죽이 내밀고는 한결같이 거절하였습니다. 그래서 그들은 마을에 있는 빈 오두막을 발견하고 밤을 보내려고 오두막에 들어가려 하자 지나가던 마을 사람들이 그 오두막에는 귀신이 살고 있다고 말했습니다.

망설이던 중 한 사람이,

"나는 이 오두막집에서 하룻밤을 지내겠네."

하고는 들어갔습니다.

친구가 들어간 것을 보고 다른 한 사람도 뒤따라 오두막으로 들어가려고 했습니다.

그런데 이게 웬일입니까? 문이 열리지 않는 것이었습니다.

먼저 들어간 사람이 귀신이 들어올까 봐 문을 잠가 버렸기 때문입니다. 문 밖에 섰던 사람은 귀신이 친구를 오두막 안에 가두려

문을 열어 주지 않는 것이라 생각하였고, 안에 있던 사람은 귀신이 들어오는 것으로 생각했습니다.

　그들은 '들어오지 못한다', '들어가겠다' 하면서 밤새도록 실랑이를 벌였습니다.

　이튿날 날이 밝자, 두 사람은 비로소 귀신의 짓이 아님을 알았습니다.

　그들은 한바탕 크게 웃었습니다.

　"하하하……."

　"하하하……."

　세상을 살아가는 우리의 관계는 인연이 잠깐 모였을 뿐이요, 진정으로 주체가 되는 것은 아무것도 없습니다. 그런데 무엇을 일컬어 '나'가 있다고 하겠습니까?

　중생은 옳고 그름을 제멋대로 정하여 서로 다툽니다. 마치 두 나그네가 없는 귀신을 있다고 생각한 것처럼.

　세상 사람들은 모두 자신의 우물을 깊이 파 놓고 그 속에 자신을 빠뜨려 놓고 있습니다. 우물을 통하여 자신의 눈에 비치는 우물 크기의 푸른 하늘이 전부인 줄 압니다.

　마음의 문을 활짝 열어 보십시오. 그러면 자신의 우물에서 벗어나 우주의 우물을 보게 될 것입니다.

누가 귀신인가?

간다르마 나라에 한 패의 광대들이 있었습니다. 계속되는 가뭄으로 온 나라에 흉년이 들었습니다. 광대들은 돈벌이가 줄어들자 이웃나라로 떠났습니다.

가는 도중에 해가 지면서 점점 날이 어두워지기 시작할 무렵 바라신이라는 큰 산을 지나게 되었습니다.

광대들은 산 아래의 작은 나무 옆에 자리를 잡았습니다. 한겨울 찬바람이 씽씽 불어오는 깊은 산중이라 추위와 무서움 때문에 광대들은 불을 피웠습니다. 그리고 밤이 깊어지자 하나둘 잠이 들었습니다.

그러나 유난히 추위를 많이 타는 어린 광대는 추위로 잠을 이루지 못했습니다. 그래서 광대놀이를 할 때 입는 '락사사'라는 귀신의 옷을 입고 불을 쬐며 앉아 있었습니다.

그때 광대 한 사람이 잠에서 깨었습니다.

그런데 이게 웬일입니까? 불 곁에 락사사 귀신이 앉아 불을 쬐고 있는 것이 아닙니까? 그는 깜짝 놀라서 자세히 보지도 않고 소리쳤습니다.

"귀신이 나타났다. 락사사 귀신이 나타나 우리들이 잠들기를 기다리고 있다."

이 소리를 들은 광대들은 일어나 허겁지겁 달아나기 시작했습니다. 불을 쬐고 있던 어린 광대도 귀신이 진짜 나타난 줄 알고 달아나는 광대들의 뒤를 쫓았습니다.

광대들은 어린 광대가 뒤에서 죽어라 뛰어오는 것을 보고 귀신이 자신들을 해치러 온다고 생각했습니다. 광대들은 열심히 도망치다가 구덩이에 빠지기도 하였습니다. 어떤 광대는 옷이 찢어졌고 나뭇가지에 몸이 긁혀 피가 흘렀습니다. 광대들은 점점 지쳐서 눈은 붉게 충혈되었고 몸은 탈진 상태가 되어 갔습니다.

그래도 그들은 죽을힘으로 산을 넘고 강을 건너 도망쳤습니다. 어린 광대도 계속 광대의 무리를 쫓아 뛰었습니다.

그들이 정신없이 뛰는 동안 날이 밝았습니다. 광대들은 지쳐서 하나둘 쓰러지기 시작했습니다. 제일 꼴찌에서 락사사 귀신의 옷을 입고 뛰어오던 어린 광대가 쓰러져 있는 광대들 앞에 나타났습니다. 그제야 그들은 자신들이 착각했음을 알게 되었습니다.

사람들은 번뇌 속에서 살아갑니다. 이 세상을 살아가는 동안 선한 법에 굶주려 상, 락, 아, 정의 열반의 음식을 구하려 합니다. 그리고 그 선한 법을 찾다가 다섯 가지 쌓임 속에 '나'가 있다고 제멋대로 헤아립니다.

그리하여 '나'라는 소견으로 인해 태어나고 죽음의 길에 흘러 다니면서, 번뇌에 쫓기어 자유를 얻지 못하고 세 갈래의 나쁜 구렁텅이에 떨어집니다.

날이 밝았다는 것은 죽음의 밤이 다하고 지혜의 밝은 새벽이 되어, 비로소 다섯 가지 쌓임 속에는 참된 '나'가 없다는 것을 깨닫게 됨을 비유한 것입니다.

위층부터 지어라

어떤 부자가 있었습니다. 어느 날, 그는 이웃의 큰 부잣집에 놀러 가서 삼층으로 된 누각을 보았습니다. 그는 높고 웅장한 누각을 무척 부러워하면서 생각했습니다.

'나도 저 사람만큼 재물이 많은데, 어쩌다가 여태까지 저런 누각 하나 짓지 못했나?'

그는 곧 목수를 불러 말했습니다.

"저 집처럼 아름답고 웅장한 삼층 누각을 지을 수 있겠는가?"

목수는 대답하였습니다.

"그 집은 바로 내가 지은 집입니다. 그러니 어려운 일이 아닙니다."

그는 목수에게 부탁했습니다.

"이제부터 나를 위하여 웅장한 누각을 지어주게."

목수는 곧 땅을 고르고 벽돌을 쌓아 집을 짓기 시작했습니다.

그는 목수가 벽돌을 쌓아 집을 짓는 것을 보고는 의심이 생겼습니다. 그래서 목수에게 물었습니다.

"어떤 집을 지으려는가?"

목수는 대답하였습니다.

"삼층 누각을 짓는 것이오."

그는 말했습니다.

"나는 아래의 두 층은 필요 없으니 제일 위층만 짓는 게 좋겠네."

목수는 대답했습니다.

"아래층을 짓지 않고 어떻게 이층을 올리며, 이층을 짓지 않고 어떻게 삼층을 지을 수 있겠습니까?"

그러나 그는 막무가내였습니다.

"내개는 아래의 두 층은 필요 없네. 그러니 무슨 수를 써서라도 맨 위층부터 짓게나."

그때 이웃사람들이 이 말을 듣고 그를 비웃으며 말했습니다.

"어떻게 아래층을 짓지 않고 위층부터 지을 수 있겠는가? 정말 어리석기 짝이 없는 사람이군."

부처님의 제자들 중에는 불, 법, 승 삼보를 공경하지 않고 게을리 하면서 도의 결과만을 구하려는 사람이 있습니다. 그리고 '나는 지금 오직 아라한의 결과만을 구하고 싶다' 라고 생각합니다.

이런 사람은 삼층만을 구하려고 하는 저 어리석은 사람과 똑같습니다.

우리는 다른 사람의 성취를 보면 시기하고 부러워하기도 합니다. 이 세상의 일치고 누군가의 정열 없이 이루어진 것은 아무것도 없습니다. 어떤 일이 이루어지기까지는 과거의 무수한 피와 땀과, 잠 못 이루며 뒤척인 수많은 밤이 있었기 때문입니다.

예술에 천부적인 소질을 타고난 사람이 평생 각고의 노력으로 글씨를 쓰다 보면 나이 50세쯤 되어서야 서예의 대가가 됩니다. 서예의 대가가 되겠다는 생각만 하고 평생을 놀다가 50세쯤 되면 저절로 서예의 대가가 될까요? 자신이 세운 목표를 달성하기 위해서는 평생 동안 노력하고 애쓰다 보면 목표를 달성하게 됩니다. 목표만 세워 놓고 아무런 실행이 따르지 않는다면 목표가 이루어질까요?

우리의 삶도 같은 이치입니다.

오늘의 내가 있기까지는 즐겁게 뛰어놀던 어린 시절이 있었으며 중학교, 고등학교, 대학교 등을 마치면서 이루어 놓은 무수한 과거의 인연들에 의해서 오늘의 내가 있는 것입니다. 우리의 삶은 항상 과정인 동시에 목적임을 알아야 합니다.

일자무식인 육조 혜능대사가 어떻게 도를 깨칠 수 있었겠습니까? 늦가을 감나무에 매달려 있는 홍시는 누군가가 건드리기만 하면 터지듯이 모두 전생에 닦아 놓은 선업에 의해 누군가의 진실된 말 한마디로 인하여 깨칠 수 있었던 것입니다.

아무리 사소한 일이라도 정성을 들이면 소중하게 되고 아름답게 승화될 수 있습니다. 시간과 공간은 우리를 위해 한순간도 멈추는 일이 없습니다. 자신의 영혼과 육체를 위하여 부지런히 힘써야 합니다.

꺼지지 않는 밑불

어떤 사람이 벌꿀을 녹여서 만드는 석밀장을 달이고 있었습니다.

하루는 숯불 위에서 석밀장을 끓이고 있는데, 이웃에 사는 부자가 그의 집에 놀러 왔습니다. 그는 석밀장을 부자에게 대접하기로 마음먹었습니다. 그래서 뜨거운 석밀장을 식히기 위해 부채질을 했습니다. 그런데 그는 어리석게도 숯불 위에 솥을 얹은 채로 부채질을 열심히 하는 것이었습니다.

활활 타오르는 불에 석밀장은 더욱 끓어올랐고 드디어 석밀장이 타기 시작했습니다. 석밀장이 타는 냄새에 동네 사람들이 모여들었습니다.

그때 부자가 물었습니다.

"왜 자꾸 부채를 부치는가?"

그는 대답했습니다.

"석밀장을 빨리 식게 하려구요."

한 사람이 그에게 말했습니다.

"밑불이 꺼지지 않았는데 부채로 부친다고 식겠는가?"

결국 그는 동네 사람들 앞에서 창피만 당했습니다.

이것은 사람들이 왕성한 번뇌의 불을 끌 생각은 아니하고, 도를 얻기 위한 방법으로 가시덤불 위에 눕거나 갖가지 불로 자기의 몸뚱이를 지지는 등의 고행만을 일삼는 것을 말합니다. 그러나 진실한 도는 그렇게 구하는 것이 아닙니다.

그것은 사람들의 비웃음을 받을 뿐 아니라, 현재는 괴로움을 받고 미래의 재앙을 불러들이는 결과를 초래할 뿐입니다.

번뇌 망상은 꺼지지 않는 밑불과 같습니다.

스스로 청정하게 수행하여 도에 이르렀다고 큰소리쳐도 가슴속 깊은 곳에 티끌만한 탐심이라도 있다면, 어리석은 사람이 밑불은 끄지 않고 석밀장을 식히겠다고 부채질을 하는 것과 똑같은 것입니다. 결국 탐하는 마음과 어리석은 마음을 가득 채우는 결과가 되고 말 것입니다.

서경덕(화담)과 지족선사의 이야기도 좋은 귀감이 됩니다. 황진이가 밤새도록 유혹했지만 서화담은 유혹에 혹하지 않고 기개를 지켰다는 얘기가 있습니다. 가장 잠재우기 힘든 색욕도 밑불이 완전히 꺼진 석밀장 같다면 고요하고 평등한 마음을 유지할 수 있습니다.

수행을 하는 데 철저한 무소유는 무엇보다도 중요합니다.

"나는 가난한 탁발승이오. 내가 가진 것이라곤 물레와 교도소에서 쓰던 밥그릇과 염소 젖 한 통, 허름한 모포 여섯 장, 수건, 그리고 대단치도 않은 명성, 이것뿐이오."

이는 마하트마 간디가 1931년 9월 영국 런던에서 열린 제2차 원탁회의에 참석하러 가던 중, 마르세유 세관원에게 소지품을 펼쳐 보이면서 한 말입니다.

철저한 무소유 정신으로 무장한 삶만이 자신을 자유롭게 할 수 있으며, 나아가 이웃과 세상을 구할 수 있습니다.

나귀의 젖은 맛이 좋다

변방에 사는 사람들은 나귀를 알지 못했습니다.

다만 다른 사람들이 '나귀의 젖은 매우 맛이 좋다'라고 한 말만 들어 알고 있을 뿐이었습니다.

하루는 마을 촌장이 먼 지방에 갔다가 수나귀 한 마리를 얻어 왔습니다. 마을에 나귀가 생겼다는 소문이 퍼지자 나귀 젖을 맛보려고 사람들이 모여들었습니다.

사람들은 나귀 젖을 짜서 잔치를 벌이기로 하였습니다. 그래서 젖을 짜려고 어떤 사람은 머리를 붙잡고, 어떤 사람은 귀를 붙잡고, 어떤 사람은 꼬리를 붙잡고, 어떤 이는 다리를 붙잡았습니다. 그때 어떤 이가 나귀의 생식기를 붙잡고 소리쳤습니다.

"야! 이것이 젖이다."

"어디?"

"그래! 맞다. 젖인 것 같다."

"자! 빨리빨리 짜라구."

그들은 매우 좋아하면서 생식기를 짰습니다. 그러나 아무리 짜도 젖은 한 방울도 나오지 않았습니다.

그들은 지쳤습니다.

이 광경을 본 어떤 슬기로운 사람이 말했습니다.

"어리석은 사람들아! 수나귀를 가지고 어떻게 젖을 짜겠는가? 생식기를 짠다고 젖이 나올 리가 없지."

마조 도일(709~788)은 한주 시방현 출신으로 스님이 된 후 남악산 전법원에서 홀로 참선 수행을 하고 있었습니다. 젊은 승려가 밤낮을 가리지 않고 정진한다는 소문이 남악 회양의 귀에까지 들어갔습니다.

하루는 회양이 젊은 승려가 수행하고 있는 암자에 들렀습니다. 회양이 암자에 도착하여 몇 시간 동안 지켜보고 있었지만 젊은 승려는 꼼짝도 않고 좌선을 하고 있었습니다. 저녁때가 되어서야 변소에 가려고 일어났습니다.

회양이 먼저 물었습니다.

"젊은 수좌여! 무엇이 되려고 그렇게 열심히 좌선을 하는가?"

"오직 한 가지, 부처가 되기 위해서 좌선을 하고 있습니다."

그러자 회양은 벽돌 하나를 집어다가 바위에 갈기 시작했습니다. 한참 지켜본 마조는 궁금하여 벽돌을 갈고 있는 스님에게 물었습니다.

"스님, 벽돌을 갈아서 무엇에 쓰려고 하십니까?"

"거울을 만들려고 하네."

그러자 마조가 웃으면서 말했습니다.

"스님, 벽돌을 아무리 잘 간다고 하여도 거울이 되겠습니까?"

그러자 회양은 정색하면서 말했습니다.

"벽돌을 갈아서 거울을 만들지 못하듯이 좌선만 한다고 해서 부처가 될 수 있겠는가?"

〈유마경〉에 보면 유마거사와 부처님의 제자 사리불의 대화 장면이 있습니다.

'아! 사리불, 앉아 있는 것만이 좌선이 아니다. 대체 좌선이란 생사를 거듭하는 미혹의 세계에 있으면서도 몸이나 마음의 작용을 나타내지 않을 때 이것을 좌선이라 하는 것이다. 또 깨달음의 길을 걸으면서도 세속적인 일상생활을 보내는 것이 좌선이며, 마음이 안에 갇히어 정적에 잠기는 것도 아니고 밖을 향해 어지러워지지도 않는 것이 좌선이며, 그릇된 생각을 그대로 지닌 채 수도를 행하는 것이 좌선이며, 번뇌를 끊지 않은 채 궁극적인 깨달음에 들어가는 것이 좌선이다.'

우리 주변에는 너무나 많은 일이 형식으로 가득 차 있습니다. 근본정신을 잊어버리고 형식의 노예가 되어 있지는 않은지 한번 돌이켜 봅시다.

우리의 삶은 새 생명이 탄생하듯이 나날이 새롭게 태어나야 할 과제입니다.

보물상자 속의 거울

어떤 가난한 사람이 많은 빚을 지게 되었습니다.

그는 빚을 갚을 길이 없어 고심 끝에 아무도 없는 곳으로 도망가기로 하였습니다. 그는 강을 건너고 산을 넘어 사막을 지나가게 되었습니다. 사막을 지나는 도망자의 걸음은 힘겨운 고통의 연속이었습니다. 따가운 햇볕과 목마름이 가장 큰 고통이었습니다.

그는 끝없는 모래 땅을 걸어가다가 운이 좋게도 숲을 발견했습니다. 그 숲속에는 샘물도 있었습니다. 오아시스였습니다.

그곳에서 그는 보물이 가득한 상자를 발견했습니다. 보물 위에는 거울이 있었는데, 그 거울이 보물을 덮고 있었습니다.

가난한 도망자는 보물을 보고 기뻐하면서 상자의 뚜껑을 열려고 하였습니다. 그런데 이게 웬일입니까? 그 거울 속에 한 사나이가 있는 것이었습니다. 도망자는 거울 속의 사나이가 바로 자신의 모습인 줄도 모르고, 매우 놀라 손을 모으고 말했습니다.

"나는 그저 빈 상자인 줄 알고 손을 대었습니다. 그런데 당신이 이 상자의 주인이었군요. 주인이 있는 줄 모르고 한 일이니 제발 성내지 마시오."

그는 샘물 마시는 것도 잊어버리고 숲에서 도망쳤습니다.

우리의 영혼은 삶의 번뇌에 시달리면서 생명수를 찾습니다.

인생이라는 사막에서 보물상자를 발견할 때가 있습니다. 그러나 거울 속의 제 얼굴에 미혹되어 보물상자를 버리는 사람과 마찬가지로, 정작 생명의 말씀이나 진실한 사람을 만났을 때 '나'에 얽매여 진실로부터 먼 사람이 되기 일쑤입니다.

요즘 세태는 명예와 부, 권력을 '잘산다'는 것의 척도로 생각합니다. 그래서 사람들은 권모술수로써 부, 명예, 권력을 얻으려고 세상을 아비규환의 지옥으로 만듭니다. 냉정하게 자신을 돌아봅시다.

자신의 삶에 있어서 가장 중요한 것은 무엇이며, 외부로부터 주어지는 부와 명예와 권력이 삶의 척도가 될 수 있는지 깊이 살펴봅시다.

산 속에 버려진 나무 한 토막이 길을 가는 나그네에게는 추운 날 몸을 녹이는 따스한 불꽃의 재료가 됩니다. 보잘것없는 미물이라도 제 역할을 다할 때 가장 아름다운 모습입니다.

봄에 피어난 들꽃은 봄 들판을 융단처럼 꾸며 주고, 가을에는 마른 풀이 되어 또 한 해의 갈무리를 알려 주며, 추수하는 농부들에게는 잠시 땀을 식히며 앉아 쉴 수 있는 포근한 자리가 되어 주기도 합니다.

이 세상을 살아가는 우리들은 소신껏 자존감을 높일 때 세상의 어둠을 조금이라도 걷어낼 수 있는 생명의 불꽃이 될 수 있습니다.

물 마시고 큰소리친 사람

어떤 사람이 길을 가다가 목이 말라 나무 홈통에 맑은 물이 졸졸
졸 흐르는 것을 보고 그 물을 마셨습니다.

물을 실컷 마시고는 홈통에게 말했습니다.

"물아, 이제 실컷 마셨으니 더 이상 흐르지 말아라."

그러나 물은 여전히 흘러내렸습니다. 그는 버럭 화를 내면서 말
했습니다.

"실컷 마셨으니 그만 흐르라고 했는데 왜 말을 듣지 않는가! 이
어리석은 물아."

지나가던 사람이 그 광경을 보고 그에게 말했습니다.

"어리석은 사람이군. 자네가 떠나면 그만인데 흐르는 물을 보고
멈추라고 하는가?"

죽음의 애욕으로 쾌락의 물에 빠져 있던 사람이 쾌락에 싫증이
났을 때 이렇게 말합니다.

"모든 빛깔과 소리와 맛있는 것 따위는 내 눈앞에서 사라져라."

그러나 애욕의 쾌락은 계속하여 우리를 엄습합니다.

그는 화를 내면서 이렇게 호통을 칩니다.

"다시는 나타나지 말라고 했는데 어째서 자꾸 내 눈앞에 보이느냐?"

어떤 슬기로운 사람이 그에게 말합니다.

"네가 그것들을 멀리한다면 마땅히 너의 여섯 가지 정을 거두고, 그 마음을 닫아 망상을 내지 않으면 곧 해탈을 얻을 것이다. 그런데 무엇 때문에 굳이 그것들을 보지 않음으로써 그것을 생기지 않게 하려는가?"

그것은 마치 물을 마신 어리석은 사람이 흐르는 물을 보고 멈추라고 호통치는 것과 같습니다.

〈밀린다왕문경〉에 나가세나비구와 밀린다왕의 대화 중 이런 구절이 있습니다.

"존사 나가세나여, 당신들은 '이 괴로움은 소멸되고 다른 괴로움은 생기지 않게 되기를' 하고 말씀합니다. 이때 괴로움이라는 것은 미리 노력한 공덕에 의해 없어지는 것입니까? 아니면 때가 되었을 때 노력해도 되는 것은 아닌지요?"

"대왕이시여, 시기가 이른 다음에 행하는 노력이란 해서는 안 될 일을 하고 있는 것에 지나지 않습니다. 미리 행하는 노력이야말로 해야 할 일을 하고 있는 것이 됩니다."

"비유를 들어 설명해 주시겠습니까?"

"대왕이시여, 어떻게 생각하십니까? 폐하께서는 목이 마른 다음에 '나는 물을 먹어야지' 하시면서 우물을 파게 하고 저수지를 만들게 하십니까?"

"존사여, 그것은 그렇지 않소이다."

"대왕이시여, 그것과 마찬가지로 시기가 이르렀을 때 행하는 노력이란 사실은 해서는 안 될 일을 하고 있는 것입니다. 미리 행하는 노력이야말로 할 일을 하고 있는 것이 됩니다."

"다시 비유를 말씀해 주십시오."

"대왕이시여, 어떻게 생각하십니까? 폐하께서는 배고픔을 느끼고 나서 '나는 무엇을 먹어야겠다' 하시면서 논을 갈고 모를 심고 추수를 해서 음식을 만들어 드십니까?"

"존사여, 그렇지는 않습니다. 미리 준비되어 있는 것으로 음식을 만들거나 그렇지 않으면 만들어진 음식을 먹습니다."

"대왕이시여, 그것과 마찬가지로 시기가 이르렀을 때 행하는 노력이란 사실은 해서는 안 될 일을 하고 있는 것입니다. 미리 한 노력이야말로 할 일을 하고 있는 것이 됩니다."

"존사여, '인생은 괴로움이다'라는 생각에서 벗어나 명랑하고 즐겁게 생각할 수는 없습니까? 죽음의 고뇌 같은 것은 늙은 다음에 생각해도 되지 않습니까?"

"대왕이시여, 전쟁이 일어난 다음에 성을 쌓거나 훈련을 시키겠습니까? 현명하게 삶을 살아가는 사람이라면 늙기 전에, 죽음의 다리를 건너기 전에 넉넉한 수행으로 육신과 정신을 지키게 할 것입니다. 존재하는 모든 것은 끊임없이 변하게 마련입니다."

그렇습니다.

우리는 늙어 병들기 전에 부지런히 힘쓰고 노력하여 확실하고 굳건한 삶의 터전을 마련해야 합니다.

세상의 달콤한 물을 실컷 마신 후에 수행정진하여 삶을 이루겠다고 하는 것은 한갓 망상에 불과한 것임을 알아야 합니다.

젊어서 부지런히 노력하고 애쓴 사람은 나이가 들수록 편안하고 윤택해지며 인생의 풍요로움을 느끼고 살아갑니다. 그러나 젊어서 참지 못하고 노력하지 않은 사람은 나이가 들수록 살아가는 것이 힘들어지고 인생이 황폐해집니다.

젊어서 부지런히 수행정진하여 청정한 삶을 이루도록 노력합시다.

털을 구분한 노인

따가운 햇살이 내리쬐고 있었습니다. 두 아이가 강에서 물장난을 치다가 물 밑에서 한 줌의 털을 주웠습니다. 천진난만한 두 아이는 곧 털을 가지고 물 밖으로 나와 다투었습니다.

한 어린이가 말했습니다.

"이것은 선인의 수염이다."

다른 어린이가 말했습니다.

"이것은 큰 곰의 털이다."

두 아이는 서로 우겼습니다.

강가에 한 노인이 살고 있었습니다. 두 아이는 서로 다투다가 그 털을 가지고 노인에게 가서 의심나는 것을 판결해 달라고 하였습니다. 그러자 선인은 그 자리에서 쌀이랑 깨를 입에 물고 자근자근 씹다가 손바닥에 뱉어 놓고 말했습니다.

"애들아, 이것 봐라. 내 손바닥에 놓인 것이 공작의 똥과 같지 않니?"

노인은 아이의 물음에는 대답하지 않고 엉뚱한 말을 한 것입니다.

세상 사람들도 이와 같습니다.

설법할 때에는 실없이 모든 법을 설명하면서 바른 진리는 대답하지 않습니다.

그것은 마치 노인이 아이들의 물음에는 답하지 않고 엉뚱한 이야기를 꺼내는 것과 마찬가지입니다.

근거 없이 말하는 실없는 말도 이와 같습니다.

역사는 언제나 그 상황에서는 진실일 수 있습니다. 그러나 세월이 흘러 그 본래의 정신은 없어지고 형식만 덩그러니 남게 됩니다.

우리는 눈에 보이는 허상이 전부인 양 그대로 답습하면서 살아갑니다. 그러나 보니 장님이 코끼리 만지는 식이 되어 버립니다. 어떤 사람은 코끼리의 다리를 만져 보고 인생이 길쭉하다고 말하고, 어떤 사람은 코끼리의 등을 만져 보고 인생이 펑퍼짐하다고 말하고, 어떤 사람은 코끼리의 얼굴을 만져 보고 인생이 울퉁불퉁하다고 말합니다. 긍정적으로 볼 때는 모두 맞지만, 부정적으로 보면 모두 틀린 소리입니다. 마치 자기가 빠져 있는 우물이 세상의 전부인 것처럼 되어 버리는 것입니다.

열린 마음만이 기존의 가치의 틀을 바로 볼 수 있는 지혜의 문을 열어 줍니다.

우리에게 스승은 절대적입니다. 그러나 저 노인과 같은 사람이 스승의 자리에 앉아 있는 것은 아닐까요?

꼽추를 고친 의사

　몹쓸 병을 앓아 꼽추가 된 사람이 있었습니다. 약이란 약은 다 써 보았지만 아무런 효험도 없었습니다.

　그런데 마침 이웃에 사는 한 의사가 자기는 무슨 병이든지 다 고친다고 떠벌리고 다녔습니다.

　꼽추는 그 의사를 청하여 자기의 꼽추 병을 치료해 달라고 부탁하였습니다.

　"제가 중년에 몹쓸 병을 앓아 꼽추가 되었습니다. 많은 의사를 찾아 처방을 받고 약을 써 보았지만 별 효과가 없었습니다. 마침 선생님의 고명하신 이름을 듣고 제 병을 치료해 달라고 부른 것입니다."

　"아하! 참 안되셨군요."

　"어떻게 방도가 없을까요?"

　"있지요, 방법은 아주 간단합니다."

　"부탁입니다. 이 병만 나을 수 있다면 무엇이든지 드리겠습니다."

　의사는 곧 미끈미끈한 타락(우유의 원액)의 웃물을 꼽추의 등에 발라

준 뒤 아래위로 널빤지 조각을 대고 힘껏 눌렀습니다.

"아이쿠!"

꼽추는 외마디 소리를 질렀습니다.

꼽추의 등뼈는 부러지고 두 눈알은 그만 밖으로 튀어나오고 말았습니다. 너무나 세게 눌렀기 때문입니다.

어떤 사람이 길을 가다가 얼음과자를 사라고 외치는 장사꾼을 만났습니다. 얼음과자를 한 번도 본 적이 없는 그는 장사꾼에게 다가가서 얼음과자를 하나 샀습니다.

처음 먹어 보는 얼음과자는 더운 여름날의 입을 시원하게 하는 신비한 과자였습니다. 그는 집에 있는 아내가 생각나 얼음과자를 하나 더 사서 주머니 속에 잘 넣고 집으로 돌아왔습니다.

그런데 이상한 일이 일어났습니다. 집에 돌아와서 아내에게 주려고 얼음과자 봉지를 꺼내니 얼음과자는 온데간데없고 나무 막대기만 남아 있었습니다. 아내는 자기를 놀린다고 남편에게 화를 냈는데, 남편은 아무것도 설명할 수 없는 바보가 되어 버렸습니다.

어떤 물건이든지 그 용도를 바르게 알고 사용하는 것은 매우 중요한 일입니다.

엉터리 의사가 꼽추의 등을 망가뜨리는 것처럼 정확한 지식이 없이 어떤 일을 하는 것은 자신과 세상을 어지럽히는 원인이 됩니다.

떡 반 개의 차이

어떤 사람이 배가 몹시 고파 접시에 있는 일곱 개의 떡을 모두 먹으려고 했습니다.

여섯 개 반을 먹자 배가 불렀습니다. 그는 화를 내며 손으로 자신의 배를 때리면서 말했습니다.

"내가 지금 배부른 것은 떡 반 개 때문이다. 그러니 앞서 먹은 여섯 개의 떡은 버린 것이나 다름없다. 이 반 개로써 배가 부를 줄 알았더라면 반 개를 먼저 먹을 것을……."

세상 사람들도 이와 같습니다.

원래 즐거움이란 영원히 존재하는 것이 아닌데 어리석게도 제멋대로 즐깁니다. 그것은 어리석은 사람이 떡 반 개 덕분에 배부르다고 생각하는 것과 같습니다.

세상 사람들은 부귀로 즐거움을 삼습니다. 부귀란 구할 때 매우 고달프고 이미 얻은 뒤에는 지키기 어려우며, 잃은 뒤에 걱정하는 것으로 괴로움의 근원이 됩니다. 부귀를 구하는 과정, 부귀를 지키기 위한 과정, 부귀를 잃었을 때의 고통, 이 세 가지 경우에는 즐거움이란 전혀 없습니다.

그것은 마치 옷과 밥을 풍성하게 제공하기 때문에 즐겁다고 할지 모르지만, 그것 때문에 지독한 고뇌에 빠져 있으면서도 즐겁다는 생각을 합니다.

부처님께서는 이렇게 말씀하셨습니다.

이 세계에 안락이란 없다.
모두가 다 큰 괴로움뿐인데
범부들은 미혹하여 뒤바뀐 생각으로
제멋대로 즐겁다는 생각을 내느니라.

어리석은 사람은 어떤 일이 성취되었을 때 과정은 생각하지도 않고 결과만 가지고 즐거워합니다.

부처님께서는 보리수 아래에서 단정히 앉아 자신을 관조한 끝에 깨달음을 이루었습니다. 깨달음을 이루기 전 부처님께서는 설산의 한 숲속에 고요히 앉아 선정을 닦으며 하루 쌀 한 숟가락과 참깨 한 숟가락을 먹었으며, 어떤 날은 그냥 굶고 앉아 있기도 하였습니다. 바람이 부나 비가 오나 여름이 가고 겨울이 오나 한자리를 뜨지 않고 계속 그대로 있었습니다. 두 해가 지나자 살과 피는 다 말라 버리고 몸은 종잇장 같아 살갗으로 뼈를 싸놓은 인형 같았으며, 손으로 몸의 먼지를 털면 몸의 털이 말라 떨어지고 손으로 배를 만지면 등뼈가 만져졌습니다.

6년째 되는 해에는 견디지 못하고 쓰러졌습니다.

함께 있던 다섯 고행자와 마을 사람들은 '이제 싯다르타가 죽는구나' 하며 슬퍼했고, 싯다르타의 부친인 정반왕도 불길한 예감이 들어 시종인 우다인을 불러 태자 싯다르타를 찾게 하였습니다.

싯다르타는 땅에 쓰러져 누운 채 머리에서 발끝까지 진흙과 먼지를 둘러쓰고, 몸은 뼈만 앙상하게 남아 있었으며, 눈동자는 우물 속에 비친 별 그림자 같았고, 갈빗대는 지붕이 벗겨진 집의 서까래와 같았습니다.

이를 본 우다인은 크게 놀라 소리쳤습니다.

"이것이 웬일입니까? 석가족의 태자가 이렇게 되시다니. 그렇게 단정하시고 미묘하시던 몸이 어떻게 된 일입니까?"

싯다르타는 겨우 눈을 떠서 우다인을 쳐다보고 말했습니다.

"우다인이여, 내 몸이 부서져 가루가 될지라도 내가 맹세한 마음은 부서지지 않을 것이오. 만일 내가 도를 이루지 못하고 죽거든 그대는 내 시체를 메고 가비성으로 돌아가서, 이 사람은 처음 먹었던 마음을 버리지 않고 끝까지 정진하던 사람이며 큰 서원을 세웠고 바른 마음 바른 뜻을 지닌 이의 시체라고 전해 주오."

이러한 과정을 거친 후에 보리수 아래에서 깨달음을 이루게 된 것입니다.

세상에 존재하고 있는 어떤 것도 애정과 피땀 없이는 이루어질 수 없습니다. 어리석은 자는 마지막 떡 반 개에 얽매여 결과만 중히 여기지만, 지혜로운 자는 결과뿐만 아니라 자신의 하루하루를 생명과도 같이 소중하게 여깁니다.

길잡이를 죽인 장사꾼들

옛날에 어떤 장사꾼들이 큰 바다를 항해하게 되었습니다. 바다로 나아가려면 반드시 훌륭한 길잡이가 필요했습니다. 그래서 훌륭한 길잡이를 구해 바다로 나아갔습니다.

바다 한복판에 이르렀을 때 풍랑이 일기 시작했습니다. 한 사람이 말했습니다.

"사람을 제물로 바쳐 천신에게 제사를 지내야 이곳을 무사히 지날 수 있습니다."

이에 장사꾼들은 회의를 열었습니다.

"우리들은 서로 아는 사이가 아닌가. 어떻게 우리 중의 누구를 죽이겠는가. 그러니 저 길잡이를 죽여 제물로 쓰는 것이 좋겠다."

그러나 길잡이를 죽인 그들은 길을 잃고 헤매다가 방황과 굶주림으로 모두 죽고 말았습니다.

세상 사람들도 이와 같습니다. 진리의 바다에 들어가 그 보물을 얻으려면 좋은 가르침을 길잡이로 삼아야 합니다. 삶의 바른 지표를 잃어버리면, 지옥과 아귀와 축생의 세 가지 길에서 헤매면서 한 없는 고통을 받게 됩니다.

　지혜로운 사람은 도달해야 할 목적지를 정해 놓고 그곳을 향하여 끊임 없이 달려갑니다. 어리석은 사람은 도달해야 할 목적지도 없이 하루살이 처럼 천방지축으로 살아갑니다.

　한 방울씩 떨어지는 물방울이 바위를 뚫듯이, 한곳을 향하여 달려가는 마음은 무엇이든지 이루어냅니다.

　도달해야 할 목적지를 가슴 깊이 지니고 하루하루를 보내는 사람은 살 아가는 데 대한 기대감과 성취감으로, 또한 자신의 내부에 용솟음치는 희 열로 멋진 생활인이 됩니다.

　우리 모두 인생이라는 항해에서 확실한 목적지를 가지고 부지런히 나 아가는 지혜로운 사람이 됩시다.

　목표가 있다는 것은 우리에게 이상, 꿈, 기쁨과 같은 생명수를 가져다 주는 보물상자를 가지고 있는 것과 같습니다.

주인의 입을 발로 찬 종

큰 부자가 있었습니다. 워낙 재산이 많았기 때문에 주위의 많은 사람들은 그가 가래침을 뱉을 때마다 부자에게 잘 보이기 위해서 다투어 가래침을 밟아 없애 버리곤 했습니다.

시종 가운데 한 어리석은 사람이 있었습니다.

그는 어리석은 데다 동작까지 느려서 좀처럼 부자의 가래침을 밟아 뭉갤 기회를 얻지 못하자 이런 생각을 했습니다.

'만일 주인께서 가래침을 뱉게 되면 이번에는 꼭 내가 밟아 뭉개야지. 가래침이 땅에 떨어진 뒤에는 때를 놓치고 마니 그 입을 밟아 뭉개는 것이 좋겠구나.'

때마침 부자가 그 앞에 나타나 막 가래침을 뱉으려고 하였습니다. 그때를 놓칠세라, 어리석은 사람은 힘껏 다리를 들어 올려 부자의 입을 걷어찼습니다. 부자의 입술은 터지고 이가 부러져 붉은 피가 흘렀습니다.

부자는 화를 내면서

"이놈, 무엄하구나! 네가 무슨 원한이 있기에 내 입을 걷어차느냐?"

그러자 어리석은 사람이 천연덕스럽게 대답했습니다.

"주인나리께서 침을 뱉으실 때 입에서 침이 나와 땅에 떨어지기만 하면 주위의 아첨하는 사람들이 어느새 밟아 뭉갭니다. 그런데 저는 아무리 밟으려 하여도 언제나 차례를 빼앗기곤 했습니다. 그래서 침이 막 입에서 나오려 하기에 다리를 높이 치켜들어 그 침을 밟아 주인님의 환심을 사려고 한 것입니다."

"……?"

무릇 모든 일은 다 때가 있는 것입니다. 때가 이르기도 전에 억지로 애를 쓰면 도리어 괴로움을 당합니다.

그러므로 세상 사람들은 마땅히 '때'와 '때가 아님'을 알아야 합니다.

〈아함경〉에 이런 내용이 있습니다.

"존자여, 아무리 계행을 잘 닦고 선업을 갖춘 사문이라 할지라도 살기를 바라고 죽기를 싫어하며, 즐거움을 요구하고 괴로움을 기피하는 것을 보게 되나니. 존자여, 계행과 선업을 갖춘 사문이 죽어서 좋은 세상에 난다는 것을 안다면 이 세상에 오래 살기보다 하루라도 빨리 좋은 곳에 나기 위하여 독약이라도 먹고 죽을 텐데, 그런 사람을 볼 수 없으니 다른 세상은 없고 선악의 업보도 없는 것이 아니오?"

"성주여, 옛날에 한 브라만이 두 부인을 두었소. 큰 부인에게는 열다섯 살 된 아들이 있었고, 작은 부인은 임신 중이었는데 브라만이 그만 죽고 말았소. 큰 부인의 아들은 '아들은 나뿐이니 아버지 유산은 전부 나의 것이오' 라고 하였소. 작은 부인은 '나도 임신 중이니 아기를 낳아 아들이면 재산을 나누어 주고 딸이면 너의 뜻대로 하라' 고 했소. 그러나 아들이 배속에 든 아이가 아들인지 딸인지 당장 알아야겠다고 자꾸 졸라대자 작은 부인은 성급하게 칼로 배를 갈라 버렸소. 그래서 자기도 죽고 아기도 죽고 말았소. 성주여, 그 부인은 어리석게도 재산을 탐하여 그런 참화를 받은 것이오. 계행과 선업을 닦은 사문이 내세의 쾌락을 탐하여 자살하는 것도 그러하오. 유덕한 사문은 이 세상의 괴로움을 참으면서 덕행을 닦아 성숙하기를 기다리며, 또한 세상 사람들에게 이익과 안락을 주기 위하여 죽는 날까지 노력하는 것이오."

우리가 봄에 씨를 뿌려 여름 동안 김을 매고 땀을 흘려야만 가을에 풍성한 수확을 할 수 있듯이, 아무리 숭고한 선업과 덕행일지라도 성숙할 때까지 기다려야만 착한 과보를 받을 수 있는 것입니다.

눈먼 자가 '해와 달도 없고 아무것도 없다' 고 해서 해와 달이 없는 것이 아니듯이, 마음의 굴레를 벗지 못한 자가 선악의 과보도 없고 내세도 없다고 주장한다고 해서 이 세상에 존재하고 있는 우주의 법칙이 없어지는 것은 아닙니다.

왕과 악사의 약속

어떤 악사가 천 냥을 받기로 약속하고 임금 앞에서 음악을 연주하였습니다. 임금과 신하들은 악사의 훌륭한 연주 솜씨에 감동하여 숨을 죽이고 들었습니다.

이윽고 악사의 연주가 끝났습니다. 박수 소리가 장내를 가득 메웠습니다. 악사는 임금께 나아가 천 냥을 달라고 요구했습니다. 그러자 임금은 이렇게 대답했습니다.

"너의 음악은 내 귀를 즐겁게 하였을 뿐이다. 내가 너에게 돈을 주겠다고 한 것도 네 귀를 즐겁게 하기 위해서였을 뿐이다."

악사는 기가 막혔습니다. 그러나 임금님의 말씀을 곰곰이 생각해 보니 조금도 틀린 말이 아닌 것 같았습니다.

세상에서 제일 교만한 백낙천이 고을 사또로 부임하게 되었습니다. 그 고을에 있는 어떤 절에 유명한 스님이 계신다는 소문을 듣고 하루는 스님을 찾아갔습니다.

절에 도착하여 주위를 살펴보니 절 입구에 큰 나무가 한 그루 서 있었습니다. 나무 위에 스님 한 분이 앉아 참선을 하고 있었습니다.

백낙천이 점잖게 물었습니다.

"나무 위에 계시는 분은 누구요?"

"나는 조과라고 합니다."

그러자 백낙천은 스님에게 다시 물었습니다.

"스님, 불교가 무엇입니까?"

"모든 악을 없애고, 모든 선을 행하며, 자신을 깨끗이 하는 것이오."

"스님, 그것은 세 살 먹은 어린아이도 아는 이야기입니다."

"거사여, 세 살 된 어린아이도 알고 있으나, 여든 먹은 노인도 행하기 어려운 것입니다. 입으로 하는 염불은 천 년을 해도 행동으로 하는 염불 한나절보다도 못한 것입니다."

그렇습니다.

어려운 사람을 동정하는 이는 많습니다만, 진정으로 그들을 걱정하여 그들이 바른 삶의 길에 이르도록 인도하는 이는 없습니다.

어리석은 자는 입으로 자유와 민주와 평화를 외치지만, 가족과 사회를 진정으로 걱정하는 지혜로운 자는 말없이 조그마한 것이라도 실천함으로써 몸과 마음으로 자유와 민주와 평화를 이 땅에 심고 있습니다.

의사의 지혜

어떤 왕이 딸을 낳았습니다. 성미가 급한 왕은 의사를 불러 말했습니다.

"공주를 빨리 자라게 할 수 있겠는가?"

의사는 말했습니다.

"저는 공주에게 약을 먹여 빨리 자라게 할 수 있습니다."

"정말 가능하겠는가?"

"가능합니다. 그러나 지금 당장은 그 약을 구할 방법이 없습니다."

"그러면 어떻게 해야 되는가?"

"다만 대왕께서는 제가 그 약을 구할 때까지 공주를 보지 마십시오. 약을 쓴 뒤에 보여 드리겠습니다."

의사는 약을 구한다는 핑계로 아주 먼 나라로 떠났습니다.

한편, 왕은 의사의 말대로 공주를 밀실에 둔 채 시녀로 하여금 시중들게 하였습니다. 그리고 왕은 공주를 한 번도 보지 않았습니다.

12년이 지난 어느 날, 의사는 돌아와 공주에게 아무 약이나 먹인 뒤 왕에게 데리고 가서 보였습니다. 왕은 공주를 보자 기뻐서 어쩔 줄을 몰랐습니다.

'참으로 훌륭한 의사다. 공주에게 약을 먹여 갑자기 자라게 하였구나' 라고 생각하고 그 의사에게 큰 상을 내렸습니다.

이 사실을 안 백성들은 왕의 무지를 비웃었습니다.

세상 사람들도 이와 같습니다. 선지식에게 나아가 아룁니다.

"저는 도를 구하려고 합니다. 바라옵건대 저에게 깨달음을 주어 당장 훌륭한 사람이 되게 해 주소서."

스승(선지식)은 방편으로 좌선하도록 하여 열두 가지 인연을 관찰하여 큰 덕을 쌓은 최고의 성자가 되게 합니다.

그러면 그는 기뻐하며 이렇게 생각합니다.

'훌륭하시다. 참으로 훌륭하시다. 스승님께서는 나로 하여금 당장에 가장 묘한 진리를 증득하게 하셨도다.'

성미가 급한 사람은 우물가에 가서 숭늉을 내놓으라고 고함을 칩니다.

우리 주위에는 많은 어려움들이 있습니다. 모든 세대가 스스로의 이익 추구에만 열중하고 있습니다.

어떤 한 세대가 거름이 될 때 그것을 근간으로 양심의 싹을 틔울 수 있는 세대의 토양이 됩니다. 떠드는 사람에 의해서 문제는 해결되지 않습니다. 말없이 행하는 사람에 의해서 진실은 성숙됩니다.

코페르니쿠스가 처음 지동설을 주장한 후, 사회 문제가 되기까지는 약 100년이 걸렸습니다. 그리고 서구사회에서 지동설을 받아들이기까지는 150여 년의 세월이 걸렸습니다.

단순한 과학적 사실 하나가 정착되는 데 150년의 세월이 요구되듯이 우리 사회에서도 의식 개혁에 필요한 시간적 여유가 있어야 하지 않겠습니까?

현명한 사람은 조급하지 않습니다. 묵묵히 수천 년 세월 동안 제자리를 지키고 있는 산의 지혜로움을 터득합시다.

사탕수수를 잃은 농부

어느 나라에 두 농부가 살았습니다. 두 사람은 사탕수수를 심으면서 서로 약속했습니다.

"좋은 종자를 심어 사탕수수 맛이 좋은 사람에게는 후한 상을 주고, 좋지 못한 사람에게는 엄한 벌을 내리도록 하자."

한 사람이 이렇게 생각했습니다.

'사탕수수는 매우 달다. 그 즙을 짜서 사탕수수에 주면 훨씬 달겠지.'

그는 자라는 사탕수수의 줄기에서 즙을 짜서 뿌리에 주었습니다.

그러고는 사탕수수가 잘 자라 맛나기를 기다렸습니다. 그러나 줄기가 상한 사탕수수는 모두 죽고 말았습니다.

이것은 자신의 권세와 힘으로 백성들의 재물을 빼앗아 그것으로 복의 근원을 지어 좋은 결과를 얻으려는 사람들의 어리석음을 지적하는 이야기입니다.

씨앗을 뿌리고 추수를 하려면 싹이 트고 잘 자랄 수 있는 적당한 조건이 주어져야 합니다.

물이 너무 많아 질퍽질퍽한 땅이나, 물기가 없는 메마른 땅에서 싹은 트지 않습니다. 적당한 수분과 온도가 주어져야만 싹을 틔울 수 있습니다. 열대식물이 자라나기 위해서는 열대기후가 필요합니다. 만약 한대지방에 옮겨 놓는다면 그 식물은 죽고 말 것입니다.

문화도 같은 이치입니다.

어떤 문화가 성장하려면 그에 상응하는 적당한 조건이 주어져야 합니다. 어떤 지역이든 그 지역에 맞는 특수한 문화가 있듯이 한반도에는 한반도에 맞는 풍토와 기후가 있어서 수천 년을 다듬어 온 소중한 우리의 문화가 있습니다.

다른 나라도 그 나라에 맞는 독특한 문화가 있게 마련입니다. 자신의 것을 토대로 하여 다른 나라의 문화를 긍정적으로 받아들일 때는 두 문화의 조화와 성숙으로 더 훌륭한 문화가 꽃필 수 있습니다.

그러나 자신의 것을 부정하고 다른 나라의 문화를 맹신적으로 받아들일 때는 자존감의 상실과 함께 잘못 이식된 퇴폐적인 문화가 태어날 것입니다.

어째서 전통문화는 소홀하게 여기면서 외래문화는 어른 모시듯 하는지, 그 태도는 어디서부터 온 것일까요?

그리스·로마 신화는 보물 다루듯 소중히 여기면서, 우리의 단군 신화는 미신이라 하면서 하찮게 보는 태도는 어디에서 오는 것입니까?

멀고도 가까운 거리

어떤 마을에 특이한 맛이 나는 샘이 있었습니다. 그 마을은 궁궐로부터 50리나 멀리 떨어져 있었습니다.

왕은 그 마을 사람들에게 날마다 샘물을 길어 오도록 명령하였습니다. 그러나 매일매일 물을 길어 보내느라 마을 사람들은 지쳐 버렸습니다. 그래서 한 사람, 두 사람, 한 가구, 두 가구씩 마을을 떠나가려고 했습니다. 이렇게 되자 촌장은 매우 난처하게 되었습니다.

촌장은 한 가지 꾀를 생각해냈습니다.

'그렇지! 오십 리를 삼십 리라고 하면 훨씬 가깝게 느껴질 거야. 그러면 사람들은 계속해서 물을 길어 나를 수 있겠지!'

촌장은 마을 사람들을 모아 놓고 말했습니다.

"여러분! 떠나려 하지 마십시오. 내가 여러분들을 위해 왕에게 아뢰어 오십 리를 삼십 리로 바꿔 달라고 하겠습니다. 그러면 거리가 가깝게 느껴져서 피곤하지 않을 것입니다."

촌장은 왕을 배알하고 오십 리를 삼십 리로 고쳐 줄 것을 간청했습니다. 왕은 오십 리를 삼십 리로 고쳐 주었습니다.

이 소식을 전해 들은 마을 사람들은 매우 기뻐하였습니다.

그러자 한 사람이 이렇게 말했습니다.

"여러분, 오십 리를 삼십 리로 고친다고 거리가 가까워지는 것은 절대로 아닙니다. 다만 말만 바꾸었을 뿐입니다. 그리 기뻐할 일이 아닙니다."

그러나 마을 사람들은 왕의 말을 믿기 때문에 끝내 그곳을 떠나지 않았습니다.

세상의 온갖 지식을 습득하여 많이 알고 있더라도 믿음이 없으면 올바른 삶을 살 수 없습니다.

종교는 세상을 살아가는 가장 쉬운 방법을 우리에게 제시해 주고 있습니다. 모든 종교는 믿음으로부터 출발하기 때문입니다.

무엇을 믿느냐구요? 저지른 죄를 사하여 나의 영혼을 천국에 이르게 해주시는 신을 믿습니다.(기독교)

무엇을 믿느냐구요? 나의 행위에 대해서 스스로 책임지며, 종속적인 삶의 틀을 벗어나 맑고 올바른 삶을 영위하게 하는 인과응보를 믿습니다.(불교)

멀고 가까운 개념은 상대적입니다. 믿음이 희미하여 흔들릴 때는 바로 곁에 있는 목적지도 천리나 멀리 떨어져 있는 법입니다. 믿음이 확실할 때는 아무리 멀리 있는 목적지라도 항상 가까이 있어 보입니다.

현명한 사람은 태산같이 우뚝하여 어떤 장애 앞에서도 절대로 흔들리지 않습니다. 지혜는 믿음을 경건하게 성숙시킵니다.

두 아내와 눈

두 명의 아내를 맞이한 남자가 있었습니다.

그러나 두 여인은 서로 시기하고 미워했습니다. 남편은 두 아내의 비위를 맞추기에 정신이 없었습니다. 한 아내를 가까이하면 다른 아내가 성을 내기 때문에 그야말로 이렇게도 못하고 저렇게도 못하였습니다. 그렇다고 어떤 아내와도 헤어질 수도 없었습니다. 그는 두 아내를 모두 사랑하였기 때문입니다.

그에게 가장 곤란한 것은 잠을 잘 때였습니다. 양쪽에 각각 아내를 눕히고 남편은 한가운데 반듯이 누워서 자야 했습니다. 몸이라도 뒤척이면 어느 한 아내로부터 심한 공격을 받기 일쑤였습니다.

어느 날, 그는 두 아내 사이에 몸을 반듯이 눕히고 천정만을 바라보고 있었습니다.

한 아내가 말했습니다.

"여보, 저쪽으로 몸을 돌리면 안 돼요."

또 한 아내가 말했습니다.

"당신, 저쪽으로 몸을 돌리면 큰일이 날 줄 아세요."

그때 갑자기 비가 쏟아져 내렸습니다.

허물어져 가는 초가집에 비가 새어 천정으로부터 먼지가 뒤섞인 흙탕물이 쏟아져 남편의 두 눈 위에 떨어졌습니다.

"어이쿠, 내 눈이야!"

그는 엉겁결에 소리치며 몸을 흔들었습니다. 그러나 두 아내의 말이 무서워 떨어지는 흙탕물을 그대로 얼굴에 받으면서 피할 수가 없었습니다.

마침내 그는 두 눈을 잃고 말았습니다.

탐심과 진심과 치심의 덩어리인 고(苦)가 우리의 육신을 이루고 있습니다.

우리는 익힌 습(習)에 익숙하여 습에 따라 육신을 두는 것이 편안한 것처럼 느낍니다. 그러나 내 안의 고통은 습에 따라 하는 행위로는 제거되지 않습니다.

자신에게 고통이 닥쳤을 때 그 고통이 왜 왔는가 하는 원인을 살펴보아야 합니다.

자신에게 욕심이 일어났을 때 그 욕심이 일어나게 된 원인을 살펴보고 마음을 잘 다스려야 합니다. 원인을 주의 깊게 살펴보면 순간적인 쾌락이나 이익을 위한 잘못된 판단 때문임을 알게 됩니다.

보살이 한 번 성내는 마음을 일으키는 것을 보려고 천 년을 지켜보았다는 이야기가 있습니다.

모든 생명과 성실히 노력한 땀의 대가를 소중히 여기고, 육신을 깨끗하게 하며, 항상 깨어 있는 밝은 삶을 영위하는 자에게는 바른 삶의 모습이 당연한 것으로 여겨질 것입니다.

잘못된 가치 기준으로 살아가는 사람은 두 아내 때문에 눈을 잃은 어리석은 자처럼 나쁜 습관으로 육신을 길들여 스스로 지옥에서 삽니다. 지혜로운 자는 맑고 깨끗한 습관으로 육신을 길들임으로써 자유와 평화의 맑은 향기를 우주 끝까지 번지게 할 것입니다.

멍청한 양치기

양을 잘 치는 양치기가 있었습니다.

그가 치는 양은 수가 점점 늘어나 수만 마리가 되었습니다. 그런데 그는 인색하여 다른 곳에는 돈을 한 푼도 쓰지 않았습니다.

어느 날, 간사하면서도 꾀가 많은 그의 친구가 양치기를 찾아가 말했습니다.

"나와 자네는 둘도 없는 친구일세. 내가 곧 자네이고 자네가 곧 나이므로 한 몸이나 다름없지 않은가? 그래서 내가 이웃마을에 사는 예쁜 여자를 자네의 아내감으로 점지해 놓았다네."

양치기는 아직 그 여자를 보지도 못했는데, 그 여자가 양치기의 아들까지 낳았다고 말했습니다. 양치기는 매우 기뻐하며 친구에게 많은 재물을 주었습니다.

며칠 뒤, 그 친구가 다시 찾아와서 말했습니다.

"자네 아내가 딸을 낳았다네."

양치기는 이번에는 더욱 기뻐하면서 다시 갑절의 재산을 사례로 주었습니다.

또 며칠이 지나 친구가 찾아왔습니다.

양치기는 물었습니다.

"오늘은 또 무슨 좋은 소식을 가지고 왔는가?"

그 친구는 침울한 표정을 짓더니 이렇게 말했습니다.

"자네 아들과 딸이 병이 들어 차례로 모두 죽었다네."

멍청한 양치기는 그 말을 듣고 슬피 울었습니다.

세상의 재산가들 중에도 이와 같은 사람들이 많이 있습니다. 그들은 많은 재물, 명예, 힘을 얻고도 그 방법을 남에게 가르쳐 주지 않을 뿐 아니라 다른 사람들을 위해 쓰지도 않습니다. 게다가 온갖 번뇌와 욕구 때문에 선한 방법을 잃고 죄의 구렁텅이에 빠지게 됩니다.

생야일편부운기(生也一片浮雲起)　　태어남은 한 조각 구름이 일어남이오

사야일편부운멸(死也一片浮雲滅)　　죽음은 한 조각 구름이 사라지는 것

불교의 진리에 존재하는 모든 것은 끊임없이 변화한다는 '제행무상'이라는 것이 있습니다.

부와 권력과 명예도 우리가 죽을 때 가져갈 수 있는 것이 아닙니다. 부와 권력과 명예는 우리가 살아가는 데 있어서 목적이 아니라 도구에 불과합니다. 부와 명예는 가난한 이웃에게 물질적으로 베풀어 주고, 이웃들을

정신적으로 계도할 때 빛나는 것이며, 권력은 질서 속에서 넘치지 않을 때 아름다운 법입니다.

세상에는 자신의 소유가 있을까요?

우리가 가지고 있는 물질은 이 땅에 사는 동안 잠깐 빌어서 쓰는 것임을 알아야 합니다. 우리는 빈손으로 왔다가 빈손으로 돌아갑니다.

이 세상에 내가 영원히 소유할 수 있는 것은 없습니다. 지혜로운 자는 소유한 부와 권력의 주인은 자신이 아니라는 것을 압니다. 내가 소유하고 있는 것 중에는 나의 노동으로 만들어진 것보다 다른 사람의 손으로 만들어진 것이 훨씬 더 많을 것입니다.

권력 또한 공동체를 위하여 잘 사용하라고 사람들이 부여한 것입니다. 부와 권력을 이웃을 위해 쓰는 것은 빚진 자로서의 당연한 도리라는 것을 알아야겠습니다.

나귀를 사 온 바라문

어떤 바라문의 스승이 잔치를 베풀기 위해 제자에게 말했습니다.

"애야! 질그릇을 구해야겠구나."

"무엇에 쓰시려구요?"

"잔치를 베풀려고 한다."

"그러면 어떻게 할까요?"

"지금 시장에 가서 옹기장이를 데려올 수 있겠느냐?"

"네, 그렇게 하겠습니다."

제자는 옹기장이를 찾으려고 시장으로 가고 있었습니다. 마침 한 옹기장이가 나귀의 등에 질그릇을 싣고 시장에 나가려던 참이었습니다. 그런데 옹기장이가 잠깐 변소에 간 사이 나귀가 요동을 쳐서 등에 실려 있던 질그릇들이 떨어져서 깨져 버렸습니다. 옹기장이가 나귀 곁으로 돌아와 보니 질그릇이 모두 깨진 뒤였습니다.

옹기장이는 속이 상해 목놓아 울었습니다.

이를 본 바라문의 제자가 물었습니다.

"왜 그리 슬퍼하십니까?"

그는 대답하였습니다.

"나는 여러 해 동안 고생 끝에 질그릇을 구워 이제 막 시장에 내다 팔려고 했다오. 아! 그런데 이 망할 놈의 나귀가 잠깐 사이에 모두 깨뜨리고 말았소."

이 말을 듣고 있던 제자는 손으로 무릎을 탁 치며 말했습니다.

"이 나귀야말로 훌륭한 일을 하였소이다."

"그게 무슨 말이오?"

"이 나귀는 당신이 오랫동안 만든 것을 한순간에 모두 부숴 버리지 않았소. 얼마나 능력이 뛰어난 나귀입니까? 이 나귀를 내가 사리다."

옹기장이는 그러지 않아도 나귀 때문에 속이 상해 있는데, 그 나귀를 사겠다고 하자 선뜻 팔았습니다.

제자는 그 나귀를 타고 집으로 돌아왔습니다.

스승은 제자가 나귀를 타고 오는 것을 보고 물었습니다.

'너는 왜 데려오라는 옹기장이는 데려오지 않고 웬 나귀를 데려오느냐? 그 나귀를 장차 어디에 쓰려고?"

제자는 신이 나서 자초지종을 말했습니다.

"스승님, 이 나귀가 옹기장이보다 몇 곱절이나 훌륭합니다. 옹기장이가 여러 해 동안 걸려 만든 질그릇을 이 나귀는 눈 깜짝할 사이에 모두 부숴 버렸습니다. 얼마나 훌륭합니까?"

스승은 혀를 차며 말했습니다.

"에그, 이 미련한 놈아! 이 나귀는 질그릇을 부수는 데는 재주가 있는지 모르나 백 년이 걸려도 그릇 하나 만들지 못하느니라."

사람이 가장 버리기 힘든 것은 탐심이고, 이겨내기 힘든 것은 어리석음입니다.

세상을 살아가면서, 그릇을 사 오라고 하는데 나귀를 몰고 오는 것과 같은 어리석은 사람을 종종 만나게 됩니다.

어리석은 사람을 위하여 어리석음을 지혜로 바꾸기를 원한다면, 부처를 공경하듯이 또 부모님 모시듯이 지극한 마음으로 대하는 것이 상대방의 어리석음을 녹여 주는 최선의 길입니다.

부부 관계나 부모 자식 관계는 수억 겁을 윤회하면서 자신과 가장 가까운 인연들입니다. 좋은 인연과 나쁜 인연이 반반씩 섞여 있습니다. 다른 사람에게서 받은 은혜는 쉽게 잊어버리고 오래가지 않지만, 다른 사람으로부터 받은 고통은 잊어버리지 않고 오랫동안 간직하고 있습니다. 그러므로 가까운 인연끼리 모여 살면서도 좋은 기억보다는 서로가 좋지 않은 기억들을 더 많이 갖고 있습니다. 이것은 어리석은 사람일수록 더욱 심합니다.

어리석은 마음을 쉽게 다루려고 서두르면 서로 다치게 마련입니다. 긴 시간이 걸리더라도 인내하는 노력이 필요합니다. 어리석음을 한풀 벗겨내고 나면 지혜의 광명이 환하게 비칠 것입니다.

금을 훔친 솜장수

두 사람의 장사꾼이 있었습니다. 그들은 늘 같이 장사를 하러 다녔습니다. 한 사람은 순금을 팔고 다른 한 사람은 '툴라' 라는 솜을 팔았습니다.

금을 사려는 사람이 나타났습니다. 그는 순금인지 아닌지를 시험하기 위해 금을 불에 태웠습니다.

이때 솜을 팔던 장사꾼이 불에 달궈진 금을 몰래 훔쳐서 툴라솜 속에 감추었습니다. 금이 시뻘겋게 달았기 때문에 솜이 모두 타 버리고 말았습니다.

금을 훔친 사실이 탄로난 솜장수는 마침내 솜과 금 모두를 잃고 말았습니다.

진리는 감추려고 해도 감추어지지 않습니다.

불에 달궈진 금이 솜을 태우고 금의 모습을 드러내듯이 진리는 저절로 드러납니다.

세상의 부패가 아무리 심하다고 하더라도 오히려 정의는 부패를 거름삼아 싹을 틔우는 법입니다.

세상의 부도덕이 높으면 높을수록 양심의 골짜기 또한 깊게 패인 진실의 강을 이루고 맙니다.

세상의 탐욕이 끝이 없어 여기저기 전쟁이 끊일 날이 없다고 하더라도 무소유 정신은 평화와 자유의 깃발을 더 높이 휘날릴 것입니다.

성내는 마음이 지옥까지 이르러 온 세상을 병들게 한다고 하더라도 자애로움은 성내는 마음을 촛농 녹아내리듯이 녹여냅니다.

진리는 무적입니다.

지혜는 어리석음을 먹고 자라기 때문입니다.

신선의 눈을 빼앗다

어떤 사람이 산속에서 도를 닦아 이 세상의 모든 것을 통달한 '하늘눈'을 얻었습니다. 그는 땅속에 묻혀 있는 모든 것도 훤히 볼 수 있었습니다.

그는 가난한 이웃을 위해 보물을 찾아 주기도 하고, 가뭄이 든 마을에 땅속의 물줄기를 찾아 주는 등 사람들을 위해 좋은 일을 많이 했습니다.

그래서 사람들은 그를 하늘이 보내어 준 신선이라고 했습니다.

이 소문이 퍼져 국왕의 귀에까지 들어갔습니다. 국왕은 매우 기뻐하며 신하에게 말했습니다.

"어떻게 하면 저 신선이 다른 곳으로 가지 않고, 항상 우리나라에 머물면서 나의 창고에 보물이 가득 쌓이도록 할 수 있겠는가?"

왕은 모든 신하를 모아 놓고 회의를 열었습니다.

신하들은 모두 그를 그대로 놓아 두어야 한다고 말했습니다.

이때 한 신하가 왕의 근심을 풀어 주겠다는 생각으로 몰래 산에 들어가 그 신선의 두 눈을 뽑아 왔습니다.

그러고는 왕에게 아뢰었습니다.

"대왕이시여, 제가 그의 눈을 뽑아 왔습니다. 이제 그는 아무데도 가지 못하고 항상 우리나라에 있을 것입니다."

왕은 그 어리석은 신하의 말을 듣고 크게 노하여 꾸짖었습니다.

"그 신선을 우리나라에 머물도록 한 이유는 땅속에 묻혀 있는 보물을 찾아내려고 한 것인데, 네가 그의 눈을 뽑아 오고 말았으니 이제는 다 틀린 일이구나."

어리석은 신하는 마침내 쫓겨났습니다.

세상을 살아가는 데에는 개인적으로 지켜야 할 기본적인 도덕이 있고 사회 질서를 유지하기 위한 법률이 있습니다. 불가의 수행자들에게도 구도의 길을 걷기 위해서 반드시 지켜야 할 승단의 계율이 있습니다.

첫째, 산 목숨을 죽이지 말라.(생명을 소중히 다루어 생명을 살려라.)

둘째, 도둑질을 하지 말라.(자신의 처지에 만족할 줄 알고 항상 베푸는 마음으로 살아라.)

셋째, 삿된 음행은 하지 말라.(순간적인 쾌락에 집착하지 말고 바르게 행동하라.)

넷째, 거짓말을 하지 말라.(조그만 이익에 얽매이지 말고 바르게 행동하라.)

다섯째, 술을 먹지 말라.(술과 오락 등 중독성 있는 것은 멀리하여 항상 바른 생각을 하라.)

부와 권력이 편중되어 있으면 있을수록 사회의 부패는 가속화됩니다. 사회가 어지럽고 불투명할수록 나누어 가짐의 중요성은 더욱 커집니다.

부처님께서는 또 색에 대해서 '차라리 타는 불을 안으라'고 경책하십니다. 또한 구도의 길을 가는 데 있어 맑은 정신은 무엇보다도 소중합니다.

구도의 길이 힘에 부칠 때는 스스로 옷을 벗어 버리고 세속의 옷으로 갈아입으면 됩니다.

승단이 지탱하고 있는 가장 소중한 계율을 포기하면서까지 자신에게 맞추려고 하는 생각은 신선의 눈을 빼어 버린 어리석은 사람과 다를 바 없습니다.

승단은 개인의 것, 한 시대의 것이 아니라 인류의 복전이며 역사의 거울입니다.

소떼를 죽인 소치기

소를 치는 사람이 있었습니다. 그는 250마리의 소를 잘 기르기 위해서 언제나 풀이 있는 곳으로 몰고 다녔습니다. 그는 소들을 매우 아끼면서 매일매일 그 수를 헤아려 보고, 또 소들이 시원하도록 빗으로 털을 쓸어 주기도 하였습니다.

어느 날, 소치기는 소떼를 물과 풀이 많은 곳으로 데려가서 풀을 뜯기고 있었는데 갑자기 호랑이가 나타나 소 한 마리를 잡아먹었습니다. 이제 그의 소는 249마리가 되었습니다. 그 소치기는 매우 낙담했습니다.

'이미 한 마리의 소를 잃었으니 완전치 못한 소떼를 어디에 쓰겠는가?'

그래서 소치기는 소떼를 높은 언덕으로 몰고 가서 깊은 구덩이에 몰아넣어 모두 죽여 버렸습니다.

불자들 중에도 소치기와 같이 부처님의 완전한 계율을 받들어 지키다가 혹 한 가지 계율을 범하면 부끄러워하거나 깨끗이 참회하지 않고 이렇게 생각하는 이들이 있습니다.

'나는 이제 우리가 지켜야 할 250계의 계율 중 한 가지 계율을 범했구나. 그러니 이제 완전히 갖추었다고는 할 수 없지. 완전히 지니지 못한다면 나머지 249계의 계율을 가진들 무엇하겠는가?'

그리하여 나머지 249계의 계율을 모두 부수어 한 가지도 지키지 못합니다.

세상에서 우리는 완전함을 추구합니다.

너와 나의 상대적인 관계 속에 있는 현실에서는 완전과 절대란 개념은 있을 수 없는 것입니다. 중요한 것은 순간순간 최선을 다하는 우리들의 진정한 모습입니다.

우리는 살아가면서 수많은 어려움과 좌절을 맛보며 성숙합니다.

한 번의 좌절로 인생을 포기하는 사람은 한 마리의 소를 잃었다고 나머지 소를 포기하는 소치기와 같이 어리석은 사람입니다.

세상살이는 오르막과 내리막의 연속입니다.

정상에 있을 때 여유와 겸손함을 지킬 줄 알아야 하며, 아래에 있을 때는 참고 인내할 줄 알아야 됩니다.

하나의 잘못을 저질렀을 때 참회하고 다시는 그 잘못을 범하지 않겠다고 다짐할 때 우리의 삶은 성숙해집니다.

입속의 종기

아름다운 여인을 아내로 맞이한 사람이 있었습니다. 부부는 금슬이 아주 좋았습니다.

한번은 남편이 처가에 갔다가 방아를 찧는 것을 구경했습니다. 그는 쌀 한 줌을 슬쩍 입속에 털어 넣었습니다. 그때 아내가 남편의 행동을 보았습니다.

남편을 본 아내가 물었습니다.

"여보, 당신 여기에 계셨군요. 시장하지 않아요?"

남편은 아내가 하는 말을 듣고도 말을 할 수가 없었습니다. 슬쩍 쌀을 입에 넣은 것이 민망하여 쌀을 뱉을 수도 없고 입에 문 채 말을 할 수도 없었습니다. 그런 남편을 보고 아내는 이상하여 자꾸 말을 시켰습니다.

그러나 남편은 입을 열지 않았습니다. 아내는 애가 탔습니다. 혹시 병이라도 난 것이 아닌가 싶어 남편의 볼을 만져 보았습니다. 남편의 볼록한 볼에서 퉁퉁한 혹 같은 것이 만져졌습니다.

"여보, 큰일났어요. 종기가 생겼나 봐요."

남편은 말도 못하고 고개만 끄덕였습니다.

아내는 친정아버지에게로 달려갔습니다.

"아버지, 아버지. 제 남편 입안에 갑자기 종기가 났습니다. 그래서 말을 못해요. 어떡하면 좋죠?"

아버지는 의사를 불러 치료하게 하였습니다.

의사가 말했습니다.

"이 병은 매우 중한 병입니다. 칼로 째고 수술을 받아야 낫겠습니다."

의사가 칼을 잡고 입을 째자 쌀이 쏟아져 나와 사실이 탄로나고 말았습니다.

어떤 사람이 아내와 함께 처갓집에 갔습니다. 장모와 장인은 사위를 반갑게 맞아 맛있는 음식을 차려 잘 대접하였습니다. 밤이 되어 모든 식구가 잠자리에 들었는데, 사위는 낮에 먹은 고엽 생각 때문에 잠을 잘 수 없었습니다. 그래서 식구가 다 잠이 든 후 살그머니 광으로 가서 고엽 단지를 찾아 맛있게 먹었습니다.

한 손으로 고엽을 꺼내 먹으니 배가 차지 않아, 두 손을 한꺼번에 넣었습니다. 고엽을 양손에 가득 움켜쥐고 단지에서 손을 빼려는데 아가리가 좁은 항아리 속에서 꼼짝도 하지 않았습니다. 당황한 사위는 두 손이 든 항아리를 힘껏 때렸습니다. 그러자 항아리가 깨지는 요란한 소리에 처갓집 하인은 도둑이 들어온 줄 알고 몽둥이를 들고 광으로 달려가서 도둑을 실컷 두들겨패서 주인 앞으로 끌고 갔습니다. 날이 밝아 사위인 것이 드러났습니다. 사위는 망신을 톡톡히 당하고 말았습니다.

작은 허물을 감추려 하면 더 큰 구렁텅이에 빠지게 됩니다.

도둑질은 성실하게 노력한 피땀의 대가에 대한 가치 기준을 허물어 사회 질서를 혼란하게 만듭니다.

어리석은 자는 작은 허물을 눈덩이처럼 불어나게 하여 자신을 파멸시키고 사회 질서를 무너뜨립니다.

지혜로운 자는 자신의 작은 허물도 용서치 않아 자신을 지키며 나아가 이 땅에 자유와 평화의 바람을 불러일으킵니다.

이웃집 벽 수리

창고에 볏섬을 가득 채우고 사는 부자 영감이 이웃집에서 벽을 바르는 것을 보았습니다.

벽을 깨끗하게 단장하고 나니 매우 매끄럽고 화사해서 보기 좋았습니다. 그래서 미장이에게 물었습니다.

"무엇을 섞어 발랐기에 그렇게 매끄러운가?"

"아주 간단합니다. 벼나 보리를 물에 푹 담가 두었다가 그것을 진흙에 섞어 바르면 이렇게 됩니다."

부자 영감은 그 말을 듣고 생각했습니다.

'벼와 보리를 섞었을 때도 저렇게 아름다운데, 만약 보리는 섞지 않고 벼만 쓰면 벽은 희고 깨끗하게 될 뿐만 아니라 진흙도 더욱 고루 묻을 것이다. 창고에 있는 묵은 벼를 꺼내다 사용하면 되겠군.'

부자 영감은 인색하기로 이웃마을까지 소문난 노랭이였습니다. 가뭄이나 홍수가 들어 마을 사람들이 굶어도 창고의 벼를 내놓지 않는 사람이었습니다.

그러나 집을 보기 좋게 단장하고 싶은 욕심에 미장이를 불러 진흙에 벼를 섞어 바르도록 했습니다.

벼를 진흙에 섞어 바른 벽은 매끄럽지 않고 오히려 울퉁불퉁하고 진흙이 모두 떨어졌습니다.

결국 벼만 버리고 말았습니다.

이 이야기를 들은 마을 사람들은 그를 비웃었고, 그는 이럴 줄 알았으면 벼를 다른 사람에게 베풀어 줄 것을 하고 후회하였습니다.

범부도 그와 같습니다.

'온갖 선을 닦아 행하면 죽은 뒤에는 천상에 나거나 해탈을 얻게 되리라.'

하지만 제 몸만 헛되이 죽이고 아무런 이득도 얻지 못합니다.

속담에 '아는 길도 물어 가라'는 말이 있습니다. 알고 있다고 하더라도 행동으로 옮기기 전에 한 번 더 확인하고 실천에 옮겨야 실수가 없습니다.

인생길은 한번 가면 되돌아올 수 없는 철저한 일방통행입니다.

우리는 지금 어떤 길을 걸어가고 있을까요?

길을 가면서 이정표를 잃어버린다면 우리는 얼마나 헤매게 될까요?

인생길을 여행하면서 훌륭한 선각자나 스승을 만난다는 것은 무엇보다도 소중한 일이며 행운입니다.

바른 길을 인도해 주는 영혼의 스승은 삶의 지표가 되어 주기 때문에 우리에겐 생명입니다.

우리의 삶이란 물속에 던져진 솜 조각과도 같은 것입니다.

검은 물속에 솜 조각이 던져지면 검은 물을 머금게 되고, 맑고 깨끗한 물속에 솜 조각이 던져지면 맑은 물이 젖게 됩니다.

바른 길을 인도해 주시는 영혼의 스승은 맑고 깨끗한 물과 같아 우리의 삶을 깨끗한 물에 젖어 있게 하며, 세세생생을 두고 우리의 영혼을 올려 바른 길로 접어들게 합니다.

선하고 바른 행동은 나에게도 큰 복덕이지만 나아가 사회에도 복밭이 됩니다.

악한 아내의 환희환

어떤 음탕한 여자가 남편을 미워하여 새 서방을 얻기 위해 남편을 죽이려고 갖가지 방법을 생각하고 있었습니다.

어느 날, 남편이 이웃나라에 사신으로 가게 되었습니다.

'기회는 바로 이때다' 하고 부인은 독이 든 환약을 만들었습니다. 그리고 남편에게 말했습니다.

"여보! 당신이 먼 이웃나라에 사신 가시는데, 혹 배 아플 때가 있을까 걱정이 되어 환희환 오백 개를 약으로 만들었습니다. 식사를 하시기 전에 꼭 서너 알을 드십시오. 그러면 배탈도 나지 않을 것이고 소화도 잘 될 것입니다."

남편은 부인이 주는 환희환을 챙겨 길을 떠났습니다. 그러나 남편은 길을 떠난 후 잊어버리고 약을 먹지 않았습니다.

남편은 길을 가다가 어느 날 밤중이 되어 숲속에서 잠을 자야만 했습니다. 숲이 무성한 곳이라 밤이 되니 온갖 짐승들의 울음소리가 사방에서 들려왔습니다. 그는 짐승들이 무서워 나무 위로 올라갔습니다. 짐은 나무 밑에 둔 채 몸만 피해 있었습니다.

그날 밤, 오백 명의 산적들이 이웃나라 왕의 말 오백 필과 여러 가지 보물을 훔쳐 가지고 도망가다가 그 나무 밑에서 쉬어 가게 되었습니다. 이 광경을 내려다보는 사신의 간은 콩알만큼 오그라들었습니다. 기침소리 한 번 내지 못하고 벌벌 떨면서 산적들이 떠나기만을 기다렸습니다.

　산적들은 나무 밑에 버려 둔 사신의 짐을 발견하고 그 짐을 풀어 보았습니다. 짐 속에 있는 환희환을 발견한 산적들은 그것을 보약인 양 생각하여 모두 한 알씩 나누어 먹었습니다. 곧 독약의 기운이 퍼져 오백 명의 산적이 모두 자는 듯이 쓰러지더니 하나둘 죽어 갔습니다.

　날이 밝자, 죽어 있는 산적들을 본 사신은 깜짝 놀랐습니다. 사신은 산적들이 자기의 짐 속에 있는 환희환을 먹고 죽은 줄은 몰랐습니다.

　사신은 산적들이 지니고 있던 말과 보물을 가져가기로 마음먹고 산적 중에 혹시 살아 있는 자가 있을까 걱정되어 모두 칼로 찔렀습니다. 그리고 그는 말과 보물을 챙겨 가지고 이웃나라로 길을 떠났습니다.

　한편, 이웃나라의 왕은 많은 군사들을 거느리고 산적들의 뒤를 쫓아오다가 그 사신을 만났습니다.

　왕이 물었습니다.

　"그대는 누구인가? 그리고 이 말들은 어디서 났는가?"

　그는 대답하였습니다.

　"나는 이웃나라 사람입니다. 왕의 나라에 사신으로 오다가 오백 명의 산적 떼를 만났습니다. 제가 모두 때려눕히고 이 말들과 보물을 챙겨 가지고 왕의 나라로 오는 길입니다."

혼자 오백 명을 해치웠다는 말을 듣고 왕은 의심스러운 표정을 지었습니다.

그러자 왕의 한 신하가 말했습니다.

"사람을 보내 산적들이 죽어 있는 곳을 확인함이 어떻겠습니까?"

왕은 곧 믿을 만한 신하를 보내어 조사하도록 일렀습니다.

잠시 후 돌아온 신하가 산적들이 모두 칼에 찔려 죽었다고 보고하자, 왕은 기뻐하면서 사신을 칭찬하며 그에게 높은 벼슬을 내렸습니다.

그러자 왕의 신하들은 그를 시기하였습니다. 아무리 공이 있다고는 하지만 이웃나라 사람이 상전으로 있는 것이 못마땅했습니다.

한 신하가 왕에게 아뢰었습니다.

"저 사람은 이웃나라 사람이라 믿을 수가 없사온데, 어찌 지극히 사랑하고 대우하십니까?"

이 말을 들은 사신은 여러 신하들에게 말했습니다.

"누가 용맹스럽고 힘이 센지 저 들판에서 나와 겨루어 봅시다. 자, 누구든지 내게 덤벼 보시오."

여러 신하들은 그 말에 겁이 나서 아무도 감히 겨루려고 하지 않았습니다. 그는 더욱 의기양양해졌습니다.

그때 나라에 몹시 사나운 사자가 나타나 길을 가로막고 오가는 사람을 해치는 일이 벌어져 왕궁으로 통하는 길마저 끊기고 말았습니다.

그러자 왕과 신하들이 모여서 의논했습니다.

"여러분, 지금 왕궁 가까이에 사자가 나타나 길목을 막고 오가는 사람을 물어 죽이고 있습니다. 무슨 대책을 세워야겠는데, 어떻게 하면 좋겠습니까?"

한 신하가 자리에서 일어나 말했습니다.

"얼마 전 이웃나라에서 온 사신에게 사자를 죽이도록 합시다."

왕은 이 말을 듣고 칼과 몽둥이를 사신에게 주어 사자를 처치하도록 했습니다.

사신은 왕명을 받고 사자가 있는 곳으로 갔습니다. 사자가 그를 보자 으르렁거리며 달려 나왔습니다. 그는 당황하여 옆에 서 있는 나무 위로 올라갔습니다. 사자는 고개를 들고 입을 딱 벌린 채 나무 위를 쳐다보고 있었습니다.

그는 너무나 두려워 어찌할 바를 몰라 몹시 떨다가 그만 잡고 있던 칼을 놓치고 말았습니다.

그런데 그 칼이 공교롭게도 사자의 목을 찔러 사자는 그 자리에서 붉은 피를 뿜으면서 죽고 말았습니다. 참으로 눈 깜짝할 사이였습니다.

그는 사자가 죽은 것을 보고 나무에서 내려와 곧장 왕에게 달려 갔습니다.

"대왕이시여, 제가 그 사자를 죽였습니다."

왕은 놀라면서 물었습니다.

"아니, 그게 정말인가?"

"사람을 시켜 알아보도록 하는 것이 옳은 줄로 아옵니다."

왕은 그를 더욱 아끼고 후하게 대접하였습니다. 대신들도 모두 그를 공경하고 찬탄하게 되었습니다.

여기서 부인이 준 환희환은 더러운 보시를 비유한 것입니다. 왕이 사신으로 보내는 것은 선지식에 비유한 것이며, 다른 나라는 하늘을 비유한 것입니다.

도적 떼를 죽이는 것은 수다원과를 얻어 다섯 가지 탐욕과 번뇌를 끊어 버리는 데 비유한 것입니다.

다른 나라의 왕을 만나는 것은 성현들을 만나는 것에 비유한 것이며, 그 나라의 신하들이 시기한 것은 지혜로운 자가 번뇌와 다섯 가지 탐욕을 끊는 것을 보고 사람들이 그럴 수가 없다고 비방하는 데 비유한 것입니다.

또 사신에게 어떤 신하도 덤비지 못한 것은 어리석은 사람들이 감히 저항하거나 다투지 못하는 데 비유한 것이며, 사자를 찔러 죽이는 것은 악마를 물리쳐 번뇌를 끊고, 또 악마에게 항복받았으나 결과에 대한 보답에 집착하지 않는 것을 비유한 것입니다.

사신이 겁을 내지만 모두 승리하는 것은 약함으로써 능히 강함을 제어하고, 선으로 악을 이기는 데 비유한 것입니다.

사신의 아내가 처음에는 깨끗한 마음이 없었는데도 불구하고, 그가 베푼 보시가 선지식을 만나면서 곧 훌륭한 보답을 얻게 된 것입니다.

깨끗하지 못한 보시도 그러한데, 하물며 깨끗하고 기쁜 마음으로 하는 보시는 어떻겠습니까?

그러므로 복밭이 되는 것에 정성된 마음으로 보시한다면 그 이익
은 한량이 없습니다.

의심하는 마음은 이웃과 사회로부터 격리되어 외톨이가 됩니다.

악한 아내가 만들어 준 환희환으로 최고의 지위에까지 오르게 된 것은
의심하지 않는 순수한 마음의 결과입니다. 순수한 마음은 잘못된 모든 것
을 동화시켜 선하게 바꾸어 놓는 마력을 가지고 있습니다. 천국도 극락도
순수한 마음에 의하여 이루어지는 신기루입니다.

물질문명의 횡포로 우리는 점점 왜소해지고 있습니다. 황금만능주의의
도덕률에 의하여 우리는 포악해지고 있습니다.

순수한 마음으로 하루를 열어 보십시오.

당신의 순수한 마음만큼 이웃도, 세상도 순수하게 될 것입니다.

배로 머리를 맞은 사람

머리카락이 하나도 없는 사람이 있었습니다. 어느 날, 어떤 사람이 배를 가지고 와서 그의 머리를 때렸습니다. 두 번, 세 번 거듭해서 치니 그만 머리에 상처가 나고 말았습니다. 그러나 그는 잠자코 있을 뿐 피할 줄을 몰랐습니다.

그러자 옆에 있던 사람이 말했습니다.

"머리가 터져 피가 흐르는데 왜 피하지 않고 맞는가?"

그는 대답했습니다.

"저 사람은 힘만 믿으며, 교만하고 어리석어 지혜가 없다. 그는 내 머리에 머리카락이 없는 것을 보고 돌이라고 생각해서 배로 때린 것이다."

그러자 옆에 있던 사람이 말했습니다.

"나는 자네가 오히려 어리석어 보인다. 남에게 머리를 맞아 피가 흐르고 있는데도 피할 생각을 하지 않으니 참으로 어리석구나."

남자 출가 수행자인 비구들도 이와 같습니다. 믿음과 계율 공부와 지혜는 닦지 않고 오직 위의만 갖추려고 허세를 부리고 재물을 탐하여 자기밖에 모릅니다. 그것은 어리석은 사람이 남에게 머리를 맞아 피가 흐르는데도 피하지 않고, 도리어 상대방이 어리석다고 큰소리치는 것과 똑같은 것입니다.

이런 이야기가 있습니다.

알고 짓는 죄와 모르고 짓는 죄를 비교하여 어느 것의 죄가 더 무겁습니까 하고 물었을 때, 모르고 짓는 죄가 더 크다고 합니다. 알고 짓는 죄는 쉽게 뉘우치고 다시는 죄를 짓지 않겠다고 다짐할 수 있지만, 모르고 짓는 죄는 짓고도 알지 못하기 때문에 자신에게 큰 불편이 없는 한 계속해서 잘못을 저지릅니다. 그리하여 죄는 돌이킬 수 없을 정도로 엄청나게 커집니다. 모르고 짓는 죄보다 큰 죄는 없습니다.

부처님의 연기법은 상대방의 인식에서부터 시작됩니다.

이것이 있음으로 말미암아 저것이 있고,
이것이 생김으로 말미암아 저것이 생긴다.
이것이 없음으로 말미암아 저것이 없고,
이것이 멸함으로 말미암아 저것이 멸한다.

이 연기법을 더 깊이 관조하면 12인연법으로 귀착됩니다.

무명을 말미암아 움직이는 힘이 생기게 되고,

움직이는 힘으로 말미암아 재생의 식이 생기게 되고,

식으로 말미암아 정신과 육체의 결합이 있고,

정신과 육체로 말미암아 여섯 가지 감각기관이 있고,

여섯 가지 감각기관으로 말미암아 촉이 있고,

접촉으로 말미암아 느낌이 있고,

느낌으로 말미암아 갈애가 있고.

갈애로 말미암아 취가 있고,

취로 말미암아 유가 있다.

유로 말미암아 태어남이 있고.

태어남으로 말미암아 늙음, 죽음, 슬픔, 아픔, 근심이 있게 된다.

이리하여 탐심과 진심과 치심으로 이루어진 고의 덩어리가 생겨나는 것이다.

결국 모든 것은 무명으로부터 출발하고 있습니다. 우리의 가장 큰 적은 알지 못하는 무명임을 다시 한 번 명심합시다.

배에서 발우를 잃다

어떤 사람이 배를 타고 강을 건너다가 잘못하여 은그릇 하나를 물속에 빠뜨렸습니다.

그는 은그릇을 잃고 곰곰이 생각했습니다.

'지금은 바빠서 시간이 없구나. 그러니 물에 표시를 해 두었다가 일을 끝낸 뒤 와서 찾자.'

두 달이 지나 그는 사자국에 당도했습니다. 그가 사자국의 어떤 강을 지나다 보니, 전에 은그릇을 잃어버린 강처럼 보였습니다. 그는 즉시 강에 들어가 은그릇을 찾기 시작하였습니다.

사람들이 물었습니다.

"무엇을 하고 있는가?"

그는 대답하였습니다.

"전에 내가 강을 건널 때 잃어버린 은그릇을 찾고 있던 중이오."

"잃은 지 얼마나 되었는가?"

"두 달쯤 되었소."

"두 달이 지났는데 어떻게 찾으려는가?"

"내가 처음 은그릇을 잃었을 때 물에 금을 그어 표시를 해 두었소. 그런데 그때의 물과 지금의 물이 똑같구려. 그래서 찾는 중이라오."

"비록 물은 다르지 않지만 당신은 전에 다른 곳에서 잃어버리지 않았는가? 그런데 지금 여기서 아무리 찾아본들 은그릇이 있겠는가?"

그것은 사람들이 올바른 생활을 하지 않고 벽을 바라보며 선과 비슷한 것을 닦으면서 잘못된 생각으로 해탈을 구하는 것과 같습니다.

마치 어리석은 사람이 바다에서 은그릇을 잃고 강에서 찾는 것과 같습니다.

어떤 사람이 늦은 시간에 장을 보러 가다가 그만 주머니에 넣어 둔 동전을 잃어버리고 말았습니다. 시장 옆 공터는 불이 환하게 밝았습니다.

그는 생각했습니다.

'시장은 어둡고 복잡하여 동전을 찾기 힘들지만, 공터는 불이 환하게 비치고 또 아무것도 없으니 동전을 찾기 쉽겠구나. 공터에서 동전을 찾으면 되겠군.'

우리도 이런 이율배반적인 생각을 하지 않는지요? 높은 사람에게는 간이라도 빼어 줄 듯 온갖 아부를 다하면서, 아랫사람에게는 수단과 방법을 가리지 않고 못살게 구는 그런 사람도 있습니다.

우리는 인간관계에 당당하여야 합니다.

바른 것은 어떤 상황이라도 바르다고 주장하여야 하며, 틀린 것은 자기에게 당장 손해가 있더라도 잘못된 것이라고 주장할 수 있어야 합니다.

이율배반적인 사고가 지배적인 사회에서는 정당한 노력의 대가가 지불될 수 없는 것입니다.

우리 스스로의 노력에 의해서 사회 구조는 다듬어지고 만들어지는 것임을 명심합시다.

만물의 창조 이야기

바라문들은 모두 이렇게 말합니다.

"대범천왕은 이 세상의 아버지이다. 그는 능히 만물을 만드는 창조주이다."

만물을 만든 창조주 대범천왕에게 제자가 있었습니다.

그 제자 역시 말했습니다.

"우리 선생님이 만물을 창조했듯이 나도 만물을 만들 것이다."

그러나 그 제자는 만물을 만들지 못했습니다.

제자가 스승에게 말했습니다.

"선생님, 저도 만물을 만들고 싶습니다. 저를 도와 주십시오."

스승인 범천왕은 거절했습니다.

"그런 생각은 부질없는 짓이다. 너는 만물을 만들 수 없다."

그러나 제자는 범천왕의 말을 듣지 않고 만물을 만들려고 했습니다. 스승인 범천왕은 제자가 만든 물건들을 보고 그에게 말했습니다.

"네가 만든 것은 머리가 너무 크고 목은 가늘다. 손은 너무 크고 팔은 짧다. 다리는 너무 짧고 발꿈치는 크다. 그래서 마치 비사사 귀신 같구나."

지금으로부터 140억 년 전의 일입니다.

빅뱅(큰폭발)이 일어난 원인과 그 이전에는 무엇이 있었는지 아무도 모릅니다. 다만 어느 한 시점에서 물질이 갑자기 폭발을 일으킨 것인데, 처음에는 높은 고열과 밀도 때문에 '그 불덩어리'에는 원자조차 존재하지 않았습니다. 그러다가 얼마 후 중성미자(뉴트리노: 질량도 전하도 없고 포착하기 어려운 입자)가 처음으로 응축되었고, 다음에 우리에게 익숙한 미립자들이 만들어졌으며, 수소와 헬륨이 만들어졌습니다. 그리고 몇 분 뒤 갓 태어난 우주는 이미 지름이 수십 억 킬로미터가 되었던 것입니다.

그 후로 우주는 고무풍선처럼 계속 팽창하고 있으며, 지금도 팽창하고 있는 중입니다.

인력에 의해 소용돌이치는 물질군이 재차 굳어지기까지는 아마 50억 년이라는 시간이 흘렀을 것입니다. 그 과정에서 최초의 별들이 형성되고 탄생되었던 것입니다. 몇몇 별들은 초신성의 격렬한 폭발로 흩어지고, 그 덕분에 더욱 무거운 원자가 만들어지고 이 원자들은 다른 성운의 기초가 되었습니다. 이러한 성운들은 또다시 응축하여 제2세대의 별들을 형성하고, 그 주변에는 다른 물질군의 보다 작은 행성이나 위성이 되어 중심별의 주위를 공전하게 된 것입니다.

이것이 우리가 살고 있는 태양계의 탄생입니다. 풍부한 물과 메탄, 시안

화물로 축복받은 행성이 있었습니다. 그것이 바로 초록별 지구입니다.

비가 내리고 번개가 치고, 태양이 대지를 달구고 흙탕물이 고인 곳이나 바다에서는 작은 분자가 결합하여 핵산과 단백질이 생성되었으며, 마침내 원시적인 생명체가 출현하게 된 것입니다. 그렇지만 아직도 의문은 남아 있습니다.

빅뱅을 일으킨 원인은 무엇인가?

빅뱅 이전에는 무엇이 존재하고 있었던 것일까?

'빅뱅'에도 근원의 문제점은 있습니다. 그것을 불교에서는 '연기'로 설명하고 있는데, 바로 태초 요동의 시작은 '무명'이며, 이 무명혹체 자체가 행위의 형성력을 갖고 있어서 요동하기 시작하고, 평형을 이루고 있던 무한대의 진공에너지가 평형이 깨뜨려짐으로써 '빅뱅' 현상을 거쳐 지금과 같은 우주의 모습을 갖게 된 것입니다

무명에 의한 무한대의 진공에너지가 요동하기 시작하자 형성력을 갖게 되며, 접촉이 이루어지게 됩니다. 이 접촉에 의해서 생성력이 생기고, 이 생성력에 의해서 무생물이 이루어지고, 이러한 행위를 끝없이 반복하는 가운데 생명체가 탄생하게 되는 것입니다.

만물은 각자의 행위에 의해 지어진 것이요, 범천왕이 만든 것이 아닙니다. 그런 줄도 모르는 사람들은 만물이 하나님의 피조물이라 믿고 있습니다. 부처님께서는 이렇게 설법했습니다.

"두 극단에 기울지 말아야 한다. 영원하다는 것과 덧없다는 것에 집착해서는 안 된다. 그것은 여덟 가지 바른 도의 설법과 같은 것이다."

여러 외도들은 '이것은 영원하다', '이것은 덧없다'라고 하며 거기에 집착하고 세상을 속여 진리인 척 꾸밉니다.

물과 불

어떤 사람이 불과 물, 두 가지를 한꺼번에 구하려고 했습니다.

화로에 불을 담고 재로 덮었습니다. 그리고 그 위에다 물을 담은 대야를 올려놓았습니다.

얼마 뒤에 불을 쓰려고 하였으나 불은 이미 꺼진 뒤였습니다. 또 물을 쓰려고 하였으나 물은 이미 증발되고 없었습니다.

그리하여 불과 물 모두 잃고 말았습니다.

세상 사람들도 이와 같습니다. 부처님의 제자가 되어 도를 구하다 처자를 생각하고, 또 재물과 명예와 색욕으로 인해 '공덕의 불'과 '계율의 물'을 잃어버리게 됩니다. 탐욕을 생각하는 삶도 이와 같습니다.

아주 먼 옛날, 호랑이 담배 피우던 시절의 이야기입니다.

어떤 마을에 마음씨 착한 사람이 살고 있었습니다.

그는 부지런하여 자기 논밭을 가꿀 뿐 아니라 틈틈이 마을길도 고치고, 산속의 길도 마을 사람들이 편하게 다닐 수 있도록 고르기도 하였습니다. 고을 원님이 이 소문을 듣고 그에게 설탕과 소금 한 상자씩을 선물로 보내 왔습니다.

이웃에 살고 있는 욕심 많고 심술궂은 노랭이 부자 영감이 그것을 보고 배가 아파 참을 수 없었습니다. 그래서 자기도 마을을 위해 열심히 일했으니 선물을 달라고 원님에게 청하였습니다.

원님은 '오냐, 선물을 보내 주지' 하며 노랭이 영감에게 설탕과 소금을 섞어서 보냈습니다. 선물을 받아 든 노랭이 영감의 표정은 일그러졌습니다.

우리는 탐욕스러움으로 한꺼번에 두 가지를 잡으려고 하다가 한 가지도 제대로 잡지 못할 때가 있습니다. 한 가지 일이라도 착실히 처리하려는 사람이 모든 면에서 실수 없이 잘 해낼 수 있다는 것을 명심합시다.

과정에 충실하다 보면 어느 날 좋은 결과를 얻게 됩니다.

왕의 횡포

어떤 사람이 "왕은 매우 포악하여 정치를 바르게 하지 않는다"라고 말하며 다녔습니다.

'발 없는 말이 천리 간다'는 식으로 그 말이 왕의 귀에까지 들어가게 되었습니다. 왕은 매우 화가 났습니다. 왕은 누가 그런 말을 했는지 정확히 알아보지도 않은 채 간신의 말만 믿고 어진 신하를 잡아들였습니다. 그리고 어진 신하의 등에서 백 냥의 살점을 베어 냈습니다.

이를 본 한 신하가 그런 말을 한 사람은 그가 아니라 다른 사람이라는 사실을 증명했습니다. 그러자 왕은 크게 뉘우치고 부끄러워하며 천 냥의 살을 구해 와서 그의 등을 기워 주었습니다.

밤이 되자, 신하는 신음소리를 내며 매우 괴로워하였습니다.

왕은 그 소리를 듣고 물었습니다.

"왜 그러느냐? 너의 몸에서 백 냥의 살을 베고 그 열 배나 되는 천 냥의 살을 주었는데 무엇이 괴롭느냐?"

"대왕이시여, 만일 대왕께서 왕자의 머리를 베었다고 합시다. 곧

뉘우치고 다시 천 개의 머리를 구해다가 왕자의 베어낸 목에 이어
놓는다면, 왕자가 살아나서 기뻐할 수 있겠습니까?"

"음……."

"그와 마찬가지로 저는 비록 열 배의 살을 얻기는 했지만, 아픈
고통은 면할 수 없습니다."

많은 권세가들은 다시 태어날 생을 두려워하지 않고 현세의 즐거
움만 탐하며, 중생을 몹시 괴롭히고 또 재물을 짜내어 그것으로 죄
를 없애고 복의 갚음을 바랍니다.

이 얼마나 어리석은 짓입니까?

이는 마치 왕이 신하의 등의 살점을 베어낸 뒤에 다른 사람의 살
로 기워 놓고 그가 괴로워하지 않기를 바라는 것과 같습니다.

우리는 역시를 빛낸 많은 위인들을 배웁니다.

소크라테스, 아리스토텔레스, 피타고라스, 뉴턴, 링컨, 워싱턴, 노벨, 루
소, 루터, 괴테 등 많은 위인들의 전기들을 읽었습니다.

그러나 우리나라 위인들의 이름은 제대로 아는 사람이 그렇게 많지 않
습니다.

우리의 교과 과정을 한번 살펴봅시다.

미술 시간은 어떻습니까?

미켈란젤로, 고호, 마네, 피카소, 샤갈 등 외국 화가들의 그림은 눈이 닳

도록 보고 침이 마르도록 칭찬하면서 우리 선조들의 불멸의 역작인 그림이나 조각품, 건축물 등은 강 건너 불구경하듯 합니다.

또 음악 시간은 어떻습니까?

양악이 전부인 양 배웁니다. 우리나라의 민요 한 곡 제대로 배우지 않고 음악 시간은 끝나 버리고 맙니다.

이것이 우리의 교육 현실입니다.

어리석은 왕의 행위에 의해서 "비록 열 배의 살을 얻기는 했지만 고통은 면할 수 없습니다"라고 한 신하의 말처럼 남의 살을 붙이고 있는 우리의 영혼은 얼마나 고통스러울까요?

망치로 내 등을 쳐라

어떤 사람이 잘못을 저질러 왕 앞에 끌려가서 곤장을 맞았습니다. 그는 곤장 맞아 터진 환부에 빨리 낫게 하려고 말똥을 발랐습니다. 이것을 본 어떤 사람이 새로운 사실을 알게 되었다고 기뻐하며 생각했습니다.

'옳지! 상처를 치료하려면 말똥을 발라야 하는 것이구나. 어디 한번 나도 해 보자.'

그는 집으로 달려가 아들을 불러 말했습니다.

"얘야, 오늘 아버지가 아주 좋은 치료법을 배웠단다. 시험 삼아 네가 내 등을 망치로 쳐 보지 않겠니?"

"아니, 그래도 아들이 아버지를 어떻게 때릴 수 있어요?"

"글쎄, 어쨌든 쳐 보면 알 것이다. 어허, 아비의 말을 거역하겠느냐?"

그러자 아들은 큰 망치로 아버지의 등을 힘껏 후려쳤습니다. 아버지의 등은 으깨지고 피가 흘렀습니다.

그는 아들에게 수고했다고 말하고 이내 그 환부에 말똥을 발랐습니다.

세상 사람들도 이와 같습니다.

'부정관을 닦으면 곧 다섯 가지 쌓임으로 인한 몸의 부스럼을 고칠 수 있다'는 말을 듣고 '나는 여색과 다섯 가지 탐욕을 관찰하리라. 그 실상을 알려면 직접 접해 봐야 한다'고 하고 여색과 탐욕을 가까이합니다. 그러다가 도리어 죽음의 세계에 빠지게 됩니다.

한 수행자가 있었습니다.

그는 수행자는 진실한 수행의 과보로 천당에 태어난다는 얘기를 들었습니다.

그는 '나도 수행하는 수행자니까 지금 죽어 버린다면 천당에 태어나겠구나'라고 생각하고는 자살을 했습니다.

그러나 그는 자살한 과보로 몇백 생을 아귀, 축생, 지옥으로 윤회하는 과보를 받았습니다. 수행자는 수행한 과보가 성숙하여 낡은 육신을 새 육신으로 바꾸어야 할 때, 수행의 공덕으로 천당에 태어나는 것입니다.

우리가 갖고 있는 육신은 영혼의 집입니다.

육신이 없으면 영혼은 성숙되지도, 아름답게 승화될 수도 없습니다.

영적인 모든 것은 육신의 집으로 말미암아 성숙되는 것임을 명심하고 육신을 소중히 다루는 지혜로움을 터득해야겠습니다.

빚이 더 늘어난 장사꾼

어떤 장사꾼이 남에게 동전 한 냥을 빌려 쓰고 오랫동안 갚지를 못하였습니다. 그러다가 돈이 생겨 빚을 갚으러 떠났습니다.

가는 길에 뱃삯으로 동전 두 냥을 주어야 건널 수 있는 큰 강이 있었습니다.

그는 두 냥을 주고 강을 건너 찾아갔으나, 그 사람을 만나지 못하고 도로 강을 건너 돌아오고 말았습니다. 올 때에도 동전 두 냥을 썼습니다.

그리하여 그는 동전 한 냥의 빚을 갚으려다가 오히려 네 배의 동전을 쓰고 말았으며, 오가는 길에 피로만 더했습니다.

세상 사람들도 이와 같이 작은 명예와 이익을 구하려다가 도리어 큰 것을 잃고 맙니다.

구차하게 제 몸을 위하여 예의를 돌아보지 않다가 현생에서는 나쁜 이름을 얻고, 다음 생에서는 괴로움의 과보를 받게 됩니다.

우리는 사소한 것을 구하기 위하여 중요한 것을 잃어버리는 경우가 있습니다.

우리에게 소중한 것은 무엇일까요?

돈, 아닙니다.

명예, 아닙니다.

권력, 아닙니다.

우리가 가장 하찮게 여기는 시간과 건강한 육신이 가장 소중한 것입니다.

성인께서도 이렇게 말씀하셨습니다.

"육체와 시간은 청정한 수행을 하기 위해서 소중한 것입니다. 참된 삶을 영위하는 데 시간과 건강한 육신만큼 중요한 것은 없습니다."

다른 것은 부수적으로 주어지는 것이지, 제일의적인 것이 아닙니다. 돈과 명예와 권력을 쫓아 우리는 소중하게 써야 할 건강과 시간을 헛되이 하지는 않는지 한번 되돌아봅시다.

이 세상에 존재하는 모든 것 즉 공기, 물, 숲 등은 우리의 생명과 깊이 연관되어 있습니다.

소중한 것을 소중하게 여길 때 올바른 질서가 세워집니다.

약을 잘못 먹으면

심한 변비에 걸린 사람이 있었습니다.

한 번 화장실에 가면 한 시간도 좋고 두 시간도 좋았습니다. 게다가 거기에 따른 고통은 이루 말할 수 없었습니다.

그 사람은 의사를 찾아갔습니다.

"내게 병이 생겼는데, 어떻게든 선생님께서 고쳐 주십시오."

의사는 진찰을 마치고 말했습니다.

"아! 변비로군요. 장을 씻어내면 나을 것입니다."

의사는 관장할 준비를 하여 장을 씻어내고자 하였습니다.

그런데 그는 의사가 잠깐 나간 사이에 장을 씻어낼 때 사용할 약물을 그만 들이켜고 말았습니다.

그는 배가 불러 오기 시작하더니 숨이 차고 곧 죽을 것만 같았습니다. 이마에서는 식은땀이 흘렀습니다.

"아이고, 사람 살려!"

그때 의사가 왔습니다.

"아이고, 아이고, 죽겠네. 아이고 어머니, 나 죽어요."

의사는 놀라서 그에게 물었습니다.

"아니, 왜 그러시오?"

그는 신음하면서 대답하였습니다.

"아이고, 의사 선생님. 아까 그 관장할 약을 마셨습니다. 그랬더니 이렇게 아파 견딜 수가 없습니다."

이 말을 들은 의사는 말했습니다.

"이 양반아! 그 약물을 마시면 어쩝니까? 죽고 싶소? 약이란 다 쓰이는 데가 다른 법이오. 약이 좋다고 마구 먹는다든가, 어디에 사용되는 약인지도 모르고 먹으면 큰일납니다."

세상 사람들도 이와 같습니다.

선관의 갖가지 방법을 닦을 때, 부정관을 익혀야만 하는데 도리어 수식관을 익히고, 수식관을 익혀야 할 것을 도리어 육계를 관합니다.

그리하여 위와 아래를 뒤바꿔 근본 없이 애를 쓰다가 한갓 신명만 허비하고 그 때문에 지치게 됩니다.

좋은 스승에게 묻지 않고 마음대로 선법을 뒤바꿔 보는 것은 마치 저 어리석은 사람이 관장할 약을 마셔 버리고 고통에서 헤매는 것과 다름이 없습니다.

부처님은 일생 동안 깨달음에 이르는 방법의 처방에서 어긋난 적이 없습니다.

언제나 상대방이 무엇을 생각하고 있으며 무엇이 문제인가를 정확하게 판단하시고, 상대방이 가장 잘 실천에 옮길 수 있도록 처방해 주셨습니다.

부정확한 지식은 고통을 초래하지만, 정확한 지식은 도에 이르는 지름길입니다.

어리석은 자가 변비약을 잘못 복용하여 심한 고통을 당하듯이 정확한 지식도 없이 행동으로 옮기면 돌이킬 수 없는 재액을 당하게 됩니다.

지혜로운 자는 정확한 지식에 의해 열려 있는 눈으로 행동함으로써 언제나 즐거운 성취 속에서 육신과 정신을 다스립니다.

눈병을 앓는 여인

어떤 여인이 심한 눈병을 앓고 있었습니다.

한번은 친한 친구가 찾아왔습니다. 친구는 그 여인이 눈병을 앓으면서 괴로워하는 것을 보고 말했습니다.

"눈이 있으면 반드시 눈병을 앓는 법이야. 나는 아직 눈병을 앓아본 적이 없었어. 그래서 나는 내 눈을 도려내려고 생각해. 왜냐하면 앞으로 눈병을 앓게 될지도 모르니까."

눈병을 앓는 여인은 친구의 말이 참으로 현명하다고 칭찬하며 자신은 진작 눈을 빼 버리지 않은 것을 후회했습니다.

이 말을 들은 이웃사람들이 말했습니다.

"그 여인도 어리석거니와 친구 되는 사람은 몇 갑절이나 어리석구나. 만일 눈이 있다면 앓을 수도 있고 앓지 않을 수도 있는데, 눈이 없으면 죽는 날까지 앞을 볼 수가 없지 않나."

'부귀란 근심이 원인이 되는 것이다. 만일 보시하지 않으면 훗날 인색한 과보를 받을까 두렵다' 라는 말을 듣고는 재물을 전부 없애 버린 자가 있습니다. 그래서 재물을 불에 태우고 물에 띄워 보낸 것입니다.

혹 어떤 사람이 그에게 말합니다.

"만일 네가 보시하지 않으면 빈궁하여 크게 괴로울 것이요, 또한 게을러서 재물이 모이지 않거나, 절제하지 않고서 사치와 낭비를 위해 써 버리면 뒤에 큰 고통을 받게 되리라."

그러면 그는 이렇게 생각합니다.

'어쨌든 재물이란 괴로움의 근본이구나.'

마치 그 여자의 친구가 아플 것을 걱정하여 미리 그 눈을 도려내어 오래도록 고통을 당하는 것과 같습니다. 눈은 이 세상을 볼 수 있는 우리 몸의 중요한 기관입니다. 재물도 세상을 살아가는 데 필요한 물질입니다. 물질을 올바르게 쓰지 못하면 근심이 되지만, 나와 이웃에게 이롭게 쓰면 더할 나위 없이 좋은 덕을 쌓게 됩니다.

똑같은 물이라도 독사가 먹으면 독이 되고, 소가 먹으면 우유가 됩니다.

우리는 문제의 해결 방법으로 제도가 잘못되었다고 생각하여 헌법이나 법률을 마구 고칩니다.

아무리 고쳐도 문제는 해결되지 않습니다.

제도는 우리의 의식구조에 의해서 민주주의가 될 수도 있으며, 절대주의가 될 수도 있습니다.

송나라 대익이 봄을 찾아 온 산을 헤매다가 봄을 찾지 못하고 집에 돌아오니, 봄은 집 뜰의 나뭇가지에 걸려 있더라는 이야기가 있습니다.

이와 같이 모든 문제 해결의 실마리는 제도나 사회에 있는 것이 아니라 스스로의 내부에 있음을 명심합시다. 중요한 것은 제도가 아니라 제도 속에서 살아가고 있는 우리들의 삶입니다.

아버지의 헛심부름

어리석은 아들을 둔 사람이 있었습니다.

하루는 이웃마을에 다녀올 일이 생겨서 아버지가 아들에게 말했습니다.

"내일은 이웃마을에 가서 뭘 좀 가져와야겠구나."

이튿날 아침, 아들은 혼자서 그 마을로 갔습니다. 그러나 막상 무엇을 가지러 왔는지 몰라 빈손으로 돌아가게 되었습니다.

한편, 아버지는 아들이 아무 말도 없이 떠나 버려서 매우 불안했습니다.

그때 아침에 나갔던 아들이 기진맥진하여 돌아왔습니다. 아버지는 아들이 오는 것을 보고 호되게 나무랐습니다.

"이 미련하고 무지한 녀석아. 물어 보지도 않고 혼자 가서 헛수고만 하느냐? 세상 사람들이 알면 얼마나 비웃겠느냐?"

아들은 아무런 말이 없었습니다.

세상의 많은 수행자들도 이와 같습니다.

비록 집을 떠나 머리와 수염을 깎고 세 가지 법복을 입었으나 도법을 배울 스승을 찾지 않습니다.

따라서 온갖 선정과 도품의 공덕을 잃고 사문의 묘한 결과까지 잃어버립니다.

그것은 어리석은 아들이 헛되이 왔다 갔다 하면서 지치는 것처럼 형상은 비록 사문과 같지만 실은 껍데기에 불과한 것입니다.

사람들이 인생길을 걸으면서 쓸데없는 자존심과 오만함으로 성인의 가르침을 듣기보다 자신의 생각대로만 하여 많은 어리석음을 범합니다.

목적지를 모르고 열심히 걷는다면 아무리 걸어도 목적지에 갈 수 없습니다. 주위만 맴도는 결과를 낳고 맙니다. 정확한 목적지가 없이는 아무리 수행하여도 깨닫지 못하는 것과 같은 이치입니다.

종들의 문단속

한 부자가 살고 있었습니다. 그는 장사하는 데 바빠서 늘 집을 비우게 되었습니다. 그래서 종을 여러 명 두어 집안 단속을 시켰습니다.

주인이 먼 길을 떠나게 되어 종들을 불러 이렇게 당부했습니다.

"내가 볼일이 생겨서 집을 떠나게 되었으니 너희들은 문단속을 잘하고 나귀와 밧줄을 잘 살펴라."

주인이 떠난 뒤, 이웃집에서는 잔치가 벌어졌습니다.

흥겨운 풍악 소리가 들리자 종들은 이웃집으로 구경 가고 싶어서 잠자코 앉아 있을 수가 없었습니다. 그래서 대문과 나귀와 밧줄을 잘 간수하라는 주인의 명령대로 밧줄로 대문짝을 얽어맨 뒤 나귀의 등에 싣고 이웃집으로 놀러 가 함께 풍류를 즐겼습니다.

종들이 나간 뒤, 대문이 없는 채 집이 활짝 열려 있자 도둑들이 몰려와 집 안의 모든 물건을 훔쳐 가고 말았습니다.

주인이 볼일을 보고 집으로 돌아와 보니 대문이 뜯겨진 집 안은 엉망진창이 된 채 곳간이 텅 비어 있었습니다.

화가 난 주인이 종들에게 물었습니다.

"재물은 모두 어찌 되었는가?"

종들은 천연덕스럽게 대답했습니다.

"주인마님께서는 저희들에게 '대문과 나귀와 밧줄을 잘 살펴라' 하시지 않으셨습니까? 그래서 저희들이 이렇게 잘 살피고 있었습니다."

그러면서 종들은 나귀 등에 밧줄로 대문짝을 묶은 채 나귀를 주인 앞으로 끌고 왔습니다.

주인은 종들의 말을 듣고 기가 막혔습니다.

"아이고, 이 어리석은 놈들아. 내가 너희들에게 문을 잘 단속하라 한 것은 재물 때문인데, 재물을 모두 잃었으니 문은 어디에 쓰겠느냐?"

어리석은 사람이 애욕의 종이 된 것도 이와 같습니다.

부처님께서는 늘 "여섯 가지 감각의 문을 잘 단속하고, 여섯 가지 경계에 집착하지 말 것이며, 무명의 나귀를 잘 지키고 애욕의 밧줄을 잘 보라"고 하셨습니다.

그런데 비구들은 부처님의 가르침을 받들지 아니하고 이익을 탐해 구하고, 거짓으로 청백을 꾸며 고요한 곳에 앉아 있습니다. 그러나 마음은 혼탁하여 다섯 가지 쾌락에 탐착합니다.

즉, 빛깔과 소리와 냄새와 맛에 홀려 어지럽고 혼란스럽습니다. 무명은 마음을 덮고 애욕의 밧줄로 꽁꽁 묶습니다.

그리하여 올바른 생각과 깨달음의 뜻인 도품의 재물은 잃어버리거나 도둑을 맞고 맙니다.

마치 저 어리석은 종들이 문을 밧줄로 얽어 나귀의 등에 싣고 이웃집에 간 뒤 도둑을 맞는 것과 같습니다.

중국 선불교를 확립한 6조 혜능대사와 여자 출가자인 무진장이라는 비구니의 일화가 있습니다.

무진장 스님이 혜능대사를 찾아와 여쭈었습니다.

"열반경을 여러 해 보았으나, 아직 이해하지 못하는 구절이 있습니다. 가르침을 베풀어 눈을 열어 주시기 바라옵니다."

혜능대사가 말했습니다.

"나는 글을 모르니 그대가 경을 소리내어 읽어 보시오. 그러면 혹시 경의 진리를 알 수 있지도 않겠소?"

무진장 스님은 이상하다는 표정으로 물었습니다.

"글도 모르면서 어찌 경의 진리를 안단 말입니까?"

혜능대사는 조용히 미소 지으며 대답했습니다.

"진리란 문자와 무관한 것이오. 마치 하늘의 달과 같은 것이오. 손가락으로 달을 가리킨다고 손가락 자체가 달이 아니오. 달을 보고자 할 때 반드시 손가락을 거칠 필요는 없지 않소?"

우리는 지금 너무나 많은 형식에 얽매여 있는 것은 아닐까요? 근본정신을 잃어버리고 형식에 얽매여 형식 자체에 빠져 버릴 수가 있습니다.

아버지의 덕행을 자랑하지 말라

어떤 사람이 사람들 앞에서 자기 아버지의 덕행을 자랑했습니다.

"내 아버지는 인자하여 생명의 존귀함을 알아 널리 베풀어 주고 도둑질하지 않으며, 언제나 부드럽고 진실한 말씀을 하신다."

그때 어리석은 사람이 이렇게 말했습니다.

"우리 아버지의 덕행이 너의 아버지보다 훌륭하다."

모여 있던 사람들이 이구동성으로 물었습니다.

"어떤 덕행인지 말해 보아라."

어리석은 사람은 대답했습니다.

"우리 아버지는 어릴 때부터 음욕을 끊어 일절 여인을 가까이하지 않았으며 더러움이 없다."

이 말을 들은 사람들은 배를 움켜쥐고 웃었습니다. 그리고 이렇게 말했습니다.

"만일 음욕을 끊어 일절 여인을 가까이하지 않았다면 어떻게 너를 낳았느냐? 어떤 이가 말하기를 '우리 어머니는 아이를 못 낳는 석녀입니다' 한다더니 네가 바로 그 짝이로구나."

무지한 사람들이 남의 덕을 칭찬하려다가 진실을 알지 못하여 도리어 헐뜯게 되는 것처럼, 어리석은 사람도 제 아버지를 칭찬하려다가 오히려 창피만 당하고 만 것입니다.

세상을 현명하게 살아가는 사람은 양 극단을 피하고 중도의 길을 갑니다.

우리 속담에 '사촌이 땅을 사면 배가 아프다'는 말이 있습니다. 그만큼 우리들은 시기하고 질투하는 데 비상한 능력을 갖고 있습니다. 다른 사람이 잘되는 것을 기뻐하지 않으며, 다른 이를 칭찬하는 데 매우 인색합니다.

칭찬할 줄 모르는 가정에서 자란 아이는 커서도 다른 사람을 칭찬할 줄 모르며, 어려운 상황에 있는 친구나 이웃에게도 베풀 줄 모르는 사람이 됩니다. 또한 칭찬이 너무 지나친 가정에서 자란 아이는 커서도 자기만 최고인 줄 알고 다른 사람을 인정할 줄 모르며, 주위 사람을 아껴 줄 줄도 모르는 그런 사람이 됩니다.

모든 문제는 가정으로부터 출발합니다. 가정이 올바르게 이루어진다면, 사회와 국가의 모든 문제는 저절로 해결되는 법입니다.

부귀도 권력도 지나치면 부패하게 마련입니다. 적절하게 쓰이는 부는 어려운 이웃을 구하고, 바르게 펼쳐지는 권세는 선정을 베풀어 어두운 그늘에 사는 이웃들에게 빛이 될 것입니다.

무엇이든지 지나치지 않으면 선행의 진실로 통하는 것입니다.

검정소를 훔친 촌장

작은 마을이 있었습니다.

하루는 온 동네 사람들이 이웃마을 사람의 검정소를 몰래 훔쳐 잡아먹었습니다.

소를 잃은 주인이 그 흔적을 따라서 이 마을까지 왔습니다. 그리고 동네 사람들 앞에서 소를 잃어버린 사정을 낱낱이 이야기하고 마을의 촌장에게 물었습니다.

"혹 우리 검정소를 못 보셨습니까?"

촌장은 무엇이든 '없다' 라고 말하기로 작정하고 대답했습니다.

"제게는 마을이 없소."

소의 주인이 또 물었습니다.

"마을의 한가운데 큰 연못이 있지요? 그 연못가에서 검정소를 잡아먹지 않았소?"

"우리 마을에는 연못이 없소."

"연못 곁에 나무가 있지요?"

"나무는 없소. 잘못 보셨소."

"소를 훔칠 때 이 마을 동쪽에 있지 않았습니까?"

"동쪽이라뇨? 우리 마을엔 동쪽이 없소."

"소를 훔칠 때는 한낮이었지요?"

"한낮이라뇨? 우리 마을에 한낮은 없소."

소 주인은 화를 내면서 말했습니다.

"여보시오, 촌장. 그런 대답이 어디 있소? 비록 마을이 없고 못이 없고 나무가 없다손치더라도 그래, 천하에 동쪽, 한낮이 없는 곳도 있소? 촌장 말은 거짓말임이 확실하오. 이래도 바른대로 말하지 않겠소?"

그제서야 촌장은 고개를 떨구고 힘없이 대답했습니다.

"사실은 우리가 잡아먹었습니다."

사람들은 자기의 죄를 덮어 두고 드러내려고 하지 않지만, 죽어서 지옥에 가면 여러 하늘의 선신들이 하늘눈으로 보기 때문에 덮어 둘 수가 없습니다.

부처님께서 많은 제자들을 거느리고 기원정사를 떠나 코살라로 순회하고 계실 때, 길가 나무 덤불에 불이 붙어 맹렬히 타오르는 것을 보시고 말씀하셨습니다.

"비구들이여, 나는 너희들에게 말하겠다. 계를 파하고 법을 범하고 그 죄과를 덮어 두는 자, 사문이 아니면서 사문인 체하고, 깨끗한 수도자가 아니면서 수도자인 체하는, 마음이 썩고 욕심이 넘쳐흘러서 수행인의 가치가 없는 자는 차라리 저 타오르는 불꽃을 안는 것이 좋으리라. 그것은 오히려 소녀의 부드러운 몸을 안는 것보다 나으리라.

왜냐하면 앞의 경우는 죽든지 또는 심한 고통을 받을지언정 지옥에 떨어지는 원인은 되지 않는다. 그러나 뒤의 경우는 길이 지옥의 괴로움을 받는 원인이 되기 때문이니라.”

그렇습니다.

지금 짓고 있는 행위의 과보가 당장 나타나지 않는다고 해서 함부로 행동해서는 안 됩니다. 양심은 단순히 지켜지는 것에 의미가 있는 것이 아니라 자애하는 마음을 가꾸는 근본이 되는 것이며, 깨달음에 이르는 지혜를 성숙시키는 종자인 것입니다.

현재의 자신을 돌이켜보면 어릴 때 자신의 행위를 짐작할 수 있을 것이며, 지금 짓고 있는 행위를 생각하면 앞으로 다가올 자신의 모습을 볼 수 있을 것입니다.

세상에 존재하고 있는 모든 것은 인과법을 벗어나서 존재할 수 없습니다. 무심한 돌멩이 하나도 제 놓일 자리에 놓여 있는 법입니다.

지혜로운 자는 죽어서도 가지고 가는 양심의 보자기를 가장 소중한 보물로 다루어 자신의 삶을 빛나게 할 것입니다.

원앙새 울음 흉내

어떤 나라에서 경사가 있거나 명절이 되면 귀족의 부녀자들이 특별히 3천 년에 한 번 피는 상서로운 꽃, 우담발화로 머리를 장식하였습니다.

가난한 부부가 살고 있었는데, 하루는 부인이 남편에게 이렇게 말했습니다.

"여보! 사랑해요. 그런데 당신에게 청이 있습니다. 들어 주시지 않겠습니까?"

남편이 대답했습니다.

"나 역시 당신을 사랑하오. 그런데 청이 무엇이오? 어서 말해 보구려."

부인은 말했습니다.

"당신이 만일 우담발화를 얻어 내게 준다면 나는 영원히 당신의 아내가 되겠어요. 그러나 만약 얻어 오지 못한다면 나는 당신을 버리고 떠나겠어요."

남편은 가슴이 철렁했습니다. 남편을 버리고 떠나겠다는 부인의 말을 듣고 도저히 가만히 있을 수 없었습니다.

우담발화는 왕궁의 연못가에 많이 피어 있지만 그것을 훔치다가 들키면 목숨을 잃게 됩니다. 그래서 고민 끝에 그는 원앙새 울음소리를 흉내내기로 했습니다. 그러면 사람인지를 모를 것이라 생각하고, 왕궁의 연못가로 우담발화를 훔치러 갔습니다.

그 남편은 예전부터 원앙새의 울음소리를 잘 내었습니다.

정신없이 꽃을 따다가 그만 궁지기에게 덜미를 잡히고 말았습니다.

"누구냐? 무엇 하는 놈이기에 무엄하게도 왕의 연못가에서 꽃을 따고 있느냐?"

그는 깜짝 놀라 다급하게 말했습니다.

"나는 사람이 아니라 원앙새입니다."

그러고는 원앙새 울음소리를 냈습니다.

이미 궁지기가 그의 목덜미를 잡은 후였습니다. 왕 앞으로 끌려가는 도중에 그는 부드러운 소리로 원앙새 울음을 흉내내었습니다.

궁지기가 말했습니다.

"이 사람아! 진작 원앙새 소리를 내었더라면 좋았지. 이제 흉내를 내어 보았자 무슨 소용이 있겠는가?"

사람들이 세상을 살아가며 온갖 악업을 짓고, 마음과 행동으로 선을 익히지 않다가 임종 때에야 비로소 말합니다.

"나도 이제부터 선업을 닦아야겠다."

그러나 저승사자가 그를 데리고 가서 염라대왕에게 넘기면 제아무리 착한 업을 닦고자 하나 이미 소용없는 일입니다.

그것은 마치 저 어리석은 사람이 왕에게 잡혀 가면서 원앙새 울음소리를 내는 것과 똑같은 것입니다.

아무리 사소한 일이라도 적절한 시기가 있게 마련입니다. 인생길에는 누구에게나 서너 번의 행운은 찾아옵니다. 그 시기를 잘 포착하느냐, 못하느냐는 평상시 얼마나 자신의 인생을 충실히 준비하였느냐에 달려 있습니다.

다섯 주인과 계집종

다섯 사람이 계집종 하나를 샀습니다.

그중 한 사람이 계집종에게 말했습니다.

"애야! 내 옷 좀 빨아라."

종은 대답했습니다.

"예, 알겠습니다."

다음 사람이 말했습니다.

"내 옷을 빨아 다오."

종은 매우 난처했습니다. 그래서 이렇게 대답했습니다.

"저분의 옷을 먼저 빨기로 했으니 그것을 빤 뒤에 빨아 드리지요."

그러자 나중 사람은 벌컥 화를 내었습니다.

"나도 저 사람과 함께 너를 샀는데, 어째서 저 사람의 옷은 먼저 빨아 주고 내 옷은 나중에 빨려고 하느냐?"

그러고는 곧 열 대의 곤장을 때렸습니다.

그러자 나머지 사람들도 모두 열 대씩 때렸습니다. 계집종은 그만 그 자리에서 죽어 버리고 말았습니다.

다섯 가지 쌓임(오온: '색·수·상·행·식'으로 우리의 육신과 정신)도 그와 같습니다.

번뇌의 인연이 모여 이 몸을 이루었는데 우리 몸과 눈, 귀, 코, 혀의 오근은 나고 늙고 병들고 죽음의 한량없는 고뇌에서 벗어나지 못합니다.

조용히 앉아 명상에 잠겨 선정에 드는 것은 복잡한 세상을 살아가는 데 매우 중요한 것입니다.

우리의 눈, 귀, 코, 혀, 몸은 자신에게 이익이 되는 것을 취하려고 끊임없이 일렁이고 있습니다. 오근에 의해 오근이 요구하는 대로 움직이다 보면 육신과 영혼은 계집종처럼 엉망진창이 될 것입니다.

그러나 선정에 드는 것을 매일 반복하여 오근을 자신의 의지에 따라 움직일 수 있다면, 우리는 자유인이 되어 가을 하늘처럼 맑고 투명할 것입니다.

하루는 달마가 참선을 하고 있는데 제자 혜가가 와서 물었습니다.

"스승님, 제 마음이 편안하지 않습니다. 마음을 편안하게 해 주십시오."

"그래, 불편한 너의 마음을 가지고 오너라. 그러면 편안하게 해 주마."

혜가는 아무리 찾아도 마음을 찾을 수 없었습니다.

"스승님, 아무리 찾아도 마음이 없습니다."

"그래! 너의 마음은 벌써 편안해졌느니라."

두 제자의 싸움

어떤 스승이 두 사람의 제자를 두었습니다. 스승은 나이가 들어 다리에 병이 났습니다.

하루는 두 제자에게 양 다리를 내맡기면서 안마를 하라고 일렀습니다. 그런데 두 제자는 사이가 좋지 않아서 평소에도 서로 질투하고 시기하며 미워하는 사이였습니다.

두 다리를 내맡긴 스승은 다리가 시원하자 잠이 들었습니다. 그사이 두 제자는 서로 노려보며 다리를 주무르고 있었습니다. 오른쪽 다리를 안마하던 제자가 스승의 왼쪽 다리를 붙잡고 돌로 내리쳤습니다. 그러자 왼쪽 다리를 안마하던 제자도 오른쪽 다리를 돌로 내리쳤습니다.

스승의 양쪽 다리는 그만 부러지고 말았습니다.

어느 날, 붓다와 아난이 함께 거닐고 있을 때 아난이 붓다께 조심스레 여쭈었습니다.

"스승이시여, 도를 이룰 때 우정이 절반이라고 생각합니다."

그러자 붓다께서는 아난을 쳐다보시며 말씀하셨습니다.

"아난아, 아니다. 우정은 도의 전부다. 아침에 떠오르는 저 태양과 같이 승단의 화합과 인류의 평화를 이룰 때도 우정이 전부이다."

우리가 소유할 수 있는 몫이 작아질수록 이웃 간의 다툼이나 국가 간의 전쟁은 더욱 크게 자주 일어납니다.

한정된 땅덩어리 안에서 상대 국가를 이해하지 않고 자국의 이익만을 내세울 때 전쟁은 그치지 않으며, 한정된 부와 권력을 놓고 이웃을 생각하지 않고 자신과 가족의 이익만을 내세울 때 다툼은 끊이지 않습니다.

어리석은 사람은 두 제자의 싸움처럼 자신의 내부에 욕심을 가득 채워 놓음으로써 끝없이 자신과 이웃을 괴롭힙니다. 지혜로운 사람은 욕심을 버린 무소유와 무집착 정신으로 자신과 이웃에게 자유와 평화의 씨를 뿌립니다.

다시 아들을 얻고자

아들을 낳은 한 부인이 있었습니다.

그녀는 아들이 씩씩하게 자라는 모습이 대견하기만 했습니다. 그래서 아들을 또 낳으려고 어떤 노파에게 물었습니다.

"여보세요. 나는 또 아들을 낳고 싶은데 어떻게 하면 되겠습니까?"

"내가 아들을 얻을 수 있는 비법을 일러주면 시키는 대로 하겠느냐?"

"아들을 얻을 수 있다면 시키는 대로 하겠습니다."

"제물을 바치고 하늘에 제사를 드리면 된다."

"어떤 제물을 써야 합니까?"

"너의 아들을 죽여 그 피로 하늘에 제사하면 반드시 많은 아들을 얻을 것이다."

부인은 노파의 말에 따라 아들을 죽이려 하였습니다.

그러자 사람들이 비웃으면서 꾸짖었습니다.

"어째서 자네는 아직 잉태도 하지 않은 아들을 위해 살아 있는 아들을 죽이려 하는가? 설사 아들을 낳는다 하더라도 하나를 죽여 하나를 얻는 것이 무슨 기쁨이 되겠는가?"

이것은 사람들이 진실하지 못한 즐거움을 위하여 스스로 죄의 불구덩이에 몸을 던져 여러 가지로 몸과 정신을 해치면서 하늘나라에 태어날 것이라고 믿는 것과 같습니다.

부처님의 가르침은 현실에서 체득되는 것입니다.

어떤 바라문의 대화 중에 이런 구절이 있습니다.

"붓다여! 당신이 주장하기를, 모든 과보는 스스로 짓는 대로 받는다고 하는데, 우리 바라문교에서는 어떤 사람이 비록 죄를 짓고 살았다고 해도, 죽을 때 그가 바라문교에 귀의하여 다른 바라문들이 그가 자재천(천당)에 태어나기를 기도하면 그는 자재천에 태어난다고 하는데 어떻게 된 것입니까?"

붓다께서는 바라문을 데리고 집 뒤편 연못가로 가서 큰 돌멩이를 연못에 던지면서 물었습니다.

"어떤 현상이 일어나느냐?"

"예, 돌이 물속에 가라앉습니다."

"그럼 너희 바라문들이 와서 '돌아 떠올라라' 라고 기도한다고 해서 돌이 뜨겠느냐?"

"아닙니다."

"바라문이여, 그와 같다. 어떤 사람이 악업을 지으면 돌멩이가 연못 속에 가라앉듯이 그는 지옥의 불덩어리에 빠져 버린다. 그가 어떤 사상(종교)을 믿고 있느냐 하는 것이 중요한 것이 아니라 그가 어떻게 올바르게 살아가느냐 하는 것이 중요한 것이다. 그것이 우주의 진리이다."

이는 우리에게 사후의 세계에 대한 믿음을 이야기하는 것이 아니라 현실의 중요성을 가르쳐주는 것입니다.

과거와 미래는 현재가 있음으로써 의미가 있는 것임을 명심합시다.

없는 물건

두 사람이 먼 길을 떠났습니다. 한곳에 이르러 잠시 쉬고 있는데, 어떤 수레꾼이 수레에 짐을 가득 싣고 언덕을 오르지 못해 쩔쩔매고 있었습니다.

수레꾼은 쉬고 있는 두 사람에게 말했습니다.

"여보시오, 나를 좀 도와 주지 않겠소?"

그러자 두 사람이 대답했습니다.

"좋소, 무엇을 도와 드릴까요?"

"이 수레를 밀어 언덕을 오르게 도와 주시오."

"그러면 우리들에게 무엇으로 보답하겠소?"

"없는 물건을 그대들에게 드리리다."

그러자 두 사람은 그를 도와 수레를 밀었습니다. 수레는 언덕을 오를 수 있었습니다.

두 사람은 수레꾼에게 말했습니다.

"약속한 대로 우리에게 물건을 주시오."

수레꾼이 대답하였습니다.

"물건이 없소."

"없는 물건을 가져오면 되잖소? 반드시 없는 물건이란 것이 있을 게 아니겠소?"

두 사람 중 한 사람이 말했습니다.

그러자 다른 동료가 웃으며 말했습니다.

"어이, 친구. 그만두게. 없는 물건이라는 뜻을 살펴보면 거짓 이름이라 하는 걸세. 세속의 범부들은 만일 '없는 물건'이라고 하면 곧 '아무것도 없는 경계'라고 안다네. 그러나 없는 물건이란 바로 '없는 모습', '없는 원', '없는 작용'이라는 걸세."

"……."

물체는 세포로 이루어져 있고, 세포를 분리해 들어가면 분자로 이루어져 있습니다. 분자를 분리하면 원자로 이루어져 있으며, 원자는 아원자 입자로 구성되어 있습니다.

결국 우주의 궁극적인 물질은 무엇으로 이루어졌는가 하는 질문에 대한 대답은 에너지 덩어리라고 할 수밖에 없습니다.

아원자 입자는 에너지로 '만들어진' 것이 아니라 '입자 자체가 바로 에너지'입니다.

아원자의 세계는 질서를 초월한 무질서의 세계를 이루고 있습니다.

일상 속의 물건, 즉 나무나 돌과 같은 의미로 실재하는 것이 아니라 거시적인 관찰 가능체 사이의 '상관관계'로 나타납니다.

이와 같이 아원자가 어떤 실체도 없으면서 조건지어지는 원인과 작용, 결과로서 설명되는 점은 부처님의 가르침인 연기법과 같습니다.

상상도 할 수 없는 엄청난 강, 차라리 바다라고 해야 할 황하강의 근원지를 찾아 강의 물줄기를 찾아 올라갔더니 히말라야의 깊은 산속에서 퐁퐁 솟고 있는 조그마한 옹달샘이었습니다.

이 세상에 존재하고 있는 것들의 근원을 찾아 올라가면 모두 한곳에서 만나게 됩니다. 그래서 부처님께서는 처음부터 끝까지 만물의 근원으로서, 정신과 육체에 대한 작용의 주체로서 우리에게 '마음 밝히는 법'을 가르쳤던 것입니다.

재산을 나누는 두 아들

마라국에 어떤 크샤트리아가 살고 있었습니다.

그는 병이 위독하여 죽게 되자 두 아들을 불러 놓고 유언을 남겼습니다.

"내가 죽은 뒤에 너희 두 형제는 재산을 똑같이 나누어 가지도록 해라."

아버지의 장례를 치르고 두 형제는 아버지의 재산을 어떻게 하면 유언대로 공정하게 나눌 수 있을 것인가를 의논했습니다.

형이 공정하게 나누기로 작정했지만 아무리 생각해도 똑같이 나눌 수가 없었습니다. 그래서 형은 아우에게 나누라고 양보하였습니다.

"아무래도 공정하게 나눌 수가 없군요."

동생도 역시 형에게 말했습니다.

친척 중에 노인이 한 사람 있었습니다. 그는 두 형제가 재산의 공정 분배에 대해 고민하고 있음을 보고 이렇게 말했습니다.

"내가 가르쳐 줄까? 지금 갖고 있는 물건을 모두 부수어 두 몫으로 나누는 걸세."

형제가 같이 물었습니다.

"구체적으로 말씀해 주십시오."

"예컨대 옷은 찢어 두 몫으로 나누고, 밥상도 반으로 쪼개어 두 몫으로 나누고, 병도 부수어 두 몫으로 나누고, 물동이도 부수어 두 몫으로 나누고, 항아리도 부수어 두 몫으로 나누고, 돈도 찢어 두 몫으로 나누고……."

두 형제는 노인의 말을 듣고는 고개를 설레설레 흔들었습니다.

"그렇게 되면 그 물건들은 하나도 쓸 수가 없습니다."

노인은 위의를 갖추고 말했습니다.

"그러면 너희들은 아버지의 유언을 어길 참이냐?"

형제는 노인의 말에 따를 수밖에 없었습니다.

논문에는 네 가지 종류가 있습니다.

첫째는 결정답 논문으로, 예를 들면 '사람은 모두 죽는다' 입니다.

둘째는 '죽는 사람은 반드시 태어난다', '애욕이 다하면 생이 없고, 애욕이 있으면 반드시 생이 있다' 고 하는 식으로, 이것은 분별답 논문입니다.

셋째는 반문답 논문입니다.

이를테면 어떤 사람이 '사람이 가장 훌륭한가?' 라고 물었을 때, 상대가 되받아 '지금 세 갈래의 나쁜 길(아귀 · 지옥 · 축생)에 견주어 묻는 것인가? 아니면 하늘에 견주어 묻는 것인가?' 라고 반문하는 방법입니다.

이에 대한 대답으로는 세 가지 나쁜 길에 견주어 물었을 때는 '진실로 사람이 가장 훌륭하다' 또는 여러 하늘에 견주었을 때에는 '사람이 가장 훌륭한 것이 아니다' 라고 대답하는 식을 말합니다.

넷째는 치답 논문입니다.

가령 열네 가지 어려움을 묻거나 '세계와 중생은 유한한가 무한한가? 시초와 종말이 있는가 없는가?' 하고 묻는 따위입니다.

사람들은 대개 네 가지 논문을 부수어 한 가지 분별론을 만듭니다.

그러나 이것은 어리석은 사람이 재산을 나눌 때 모든 재산을 부수어 두 조각을 내는 것과 같은 것입니다.

어떤 일이 이 세상에서 구체화되는 과정에서 처음에는 정신이 있었습니다. 세월이 흘러 정신은 없어지고 형상만 남아 있을 때, 우리는 형상이 전부인 줄 알고 형상에만 얽매이게 됩니다.

말이 중요한 것이 아니라, 말의 이면에 있는 그 정신이, 그 뜻이 무엇인지를 우리는 조용히 꿰뚫어볼 수 있는 지혜의 눈을 가져야 합니다.

보물을 얻으려면

옹기장이 집에 놀러 간 두 사람이 옹기 만드는 것을 구경했습니다. 발판을 돌리며 오지병 만드는 것이 신기하여 아무리 보아도 싫증이 나지 않았습니다. 그런데 한 사람은 이웃마을에 큰 잔치가 있는 것이 생각났습니다.

오지병 만드는 것이 무척 재미있는데 이웃마을까지 걸어갈 생각을 하니 귀찮았습니다. 그러나 그는 잔칫집에 가서 떡이며 과일 등 맛난 음식을 얻어 먹고 또 선물까지 얻었습니다.

다른 한 사람은 오지병 만드는 것에 정신이 팔려 날이 저무는 줄도 몰랐습니다.

결국 두 사람 중의 한 사람은 이익을 얻었지만, 다른 한 사람은 아무것도 얻지 못하고 피로하기만 했습니다.

보통 사람들은 세상 살림살이에 정신을 쏟느라 죽음이 다가오는 줄도

모릅니다. 불시에 찾아온 죽음 앞에서 사람들은 자신의 영혼에 관심을 가
져 보지도 못한 채 이 세상을 떠나게 됩니다.

오늘은 이 일을 경영하고
내일은 저 업을 짓는다.
모든 부처님 큰 용이 나와 우레 같은 소리 세상에 차고
진리의 비가 하염없이 내리건만
세상일에 얽혀 듣지 않으며
죽음이 갑자기 닥치는 줄 모른다.

그 모든 부처님의 모임 놓치고
진리의 보배를 얻지 못하여
언제나 곤궁한 나쁜 길에 살면서
바른 진리에 등을 돌리는구나.

그는 오지 병을 바라보고 섬겼으므로
마침내 구경하기를 그치지 않았네.
그래서 진리의 이익 잃고
영원히 해탈할 기약 놓쳤네.

물에 비친 금덩이

하루는 어떤 사람이 연못가에 놀러 갔다가 물속에 비친 순금 모양의 그림자를 보았습니다. 그는 금이 있다고 착각하여 물에 뛰어들어 진흙탕을 헤치고 금을 찾기 시작했습니다.

그러나 아무리 찾아도 금은 없었습니다. 연못은 흙탕물이 일어나 뿌옇게 흐려졌습니다.

한참 동안이나 물속을 찾아 헤매던 그는 몹시 지쳐 연못 밖에 나와 쉬고 있었습니다.

잠시 후, 이게 원일입니까? 물이 맑아지면서 그토록 애써 찾던 순금의 그림자가 또 비치는 것이 아닙니까? 그는 다시 물속에 첨벙 뛰어들었습니다.

또 한참 동안을 물속에서 찾아 헤맸지만 금은 손에 잡히지 않았습니다. 무엇인가 손에 잡혀 꺼내 보면 그림자만한 돌멩이거나 썩은 나무 뿌리였습니다.

한편, 그의 아버지는 아들이 보이지 않자 찾아 나섰다가 흙투성이가 되어 연못에 들어가 있는 것을 보았습니다.

"애야, 무엇을 하고 있느냐?"

아들은 자기 아버지가 온 것을 보고 기뻐하면서 대답했습니다.

"연못 속에 분명히 순금 덩어리가 있었습니다. 지금 그것을 찾고 있는 중입니다."

그러자 아버지는 아들에게 물었습니다.

"네가 빠뜨린 거냐?"

"아버지, 제가 여기 놀러 왔다가 연못 속에서 금의 그림자가 어른거리는 것을 보았어요. 그래서 건지려고 찾는 중입니다."

이 말을 들은 아버지는 아들을 연못에서 나오라고 했습니다.

아들은 아버지가 들어가서 찾아 줄 것이라 생각하고 나왔습니다. 그러나 아버지는 물이 다시 맑아질 때까지 잠시 연못가에 서 있기만 했습니다.

다시 순금 덩어리의 그림자가 물속에 비쳤습니다.

아버지는 아들에게 일렀습니다.

"이것은 물속에 있는 것이 아니라 연못가에 있는 나뭇가지에 있는 것이란다."

그러고는 연못가에 있는 나무 위를 가리켰습니다. 정말 나무 위에 금덩어리가 있었습니다.

아들은 아버지의 말씀을 듣고 곧 나무 위로 올라가 쉽게 금을 얻었습니다.

어리석은 저 범부들
무지하기 그와 같구나.

'나'가 없는 다섯 가지 쌓임 가운데
제멋대로 '나'가 있다 생각하노니,
저 순금 그림자를 본 사람이
부지런히 애써 그것을 찾았으나
헛수고하고 소득 없음 같아라.

우리는 자유와 평화를 찾아 인생이라는 긴 여행을 떠나게 됩니다.

어떤 사람은 돈에서 자유와 평화의 실체를 찾기도 하고, 어떤 사람은 권력에서 찾기도 하며, 또 어떤 사람은 명예에서 찾기도 합니다.

우리가 열심히 길을 걷다 보면 간혹 오아시스를 만나기도 합니다. 오아시스에서 잠깐 휴식을 취하면서 자신이 온 길을 뒤돌아보면, 자유와 평화의 실체는 돈이나 권력, 명예에 있는 것이 아니라 우리가 걸어온 삶 자체에 있다는 것을 알게 됩니다.

우리는 마음에서 반추되는 허상에서 자유와 평화를 찾아 헤매다가 일생을 보내게 됩니다. 바로 자유와 평화의 실체가 마음에 있다는 것을 알게 될 때, 나무 위에 올라가 금을 얻은 아들처럼 세상에서 가장 귀한 것을 얻게 될 것입니다.

꿩고기와 환자

어떤 사람이 중병이 들어 오랫동안 누워 있었습니다.

어느 날, 유명한 의사를 불러 자기의 병을 치료해 달라고 부탁했습니다.

"당신 병은 크게 근심할 것이 없습니다. 그러나 병을 고치고 못 고치는 것은 당신에게 달려 있습니다."

"그것이 무엇입니까?"

의사는 대답했습니다.

"항상 꿩고기만 먹으면 병을 고칠 수 있습니다."

그래서 그는 하인에게 꿩 요리를 하도록 일렀습니다. 그러나 그는 돈이 아까워서 꿩을 한 마리만 먹었습니다.

며칠 뒤, 다시 의사가 찾아와서 물었습니다.

"병은 좀 차도가 있습니까?"

"아직도 이렇게 누워 있습니다."

"제가 말씀드린 대로 꿩고기는 계속 먹고 있지요?"

그는 대답했습니다.

"계속 먹지 않았습니다. 다만 한 마리만 사다가 고아서 먹었습니다."

그러자 의사는 그의 인색함을 개탄했습니다.

"먼저 사 온 꿩을 다 먹었으면 계속해서 더 먹어야죠. 꿩 한 마리만 먹고 어떻게 병이 낫기를 바랍니까?"

사람들은 '과거와 현재와 미래를 통하여 오직 하나의 앎이 있어서 그것은 언제나 변하지 않고 그 자리에 존재하는 것이다'라는 생각에 집착해 있습니다. 이것은 마치 한 마리의 꿩만을 먹고 병이 낫기를 바라는 병자와 같습니다.

부처님께서는 사람들의 '영원하다'는 그릇된 견해를 없애 주기 위하여 다음과 같이 가르치십니다.

"모든 것은 찰나에 생겨났다가 사라지곤 한다. 어떻게 하나의 앎이 영원토록 변하지 않겠는가?"

마치 저 의사가 '계속 꿩고기를 먹어야 병을 고칠 수 있다'고 가르친 것처럼 부처님도 중생을 가르쳐 알게 하시되, '무너지기 때문에 영원하지 않고 이어가기 때문에 끊임이 없다'고 하시면서 중생들의 영원하다는 견해병을 치료해 주십니다.

경전에 이런 내용이 있습니다.

깨달음을 이루겠다고 결심하고 부처님의 제자가 된 청소부가 있었습니다. 그는 다른 제자들처럼 열심히 수행했지만, 깨달음은 아득하고 허물만 자꾸 눈덩이처럼 커져 갔습니다.

그래서 하루는 부처님을 찾아뵙고 아무리 노력해도 깨달음을 얻지 못하였으니 다시 세속으로 나가는 것을 허락해 달라고 하였습니다.

부처님께서 잠시 제자를 쳐다보시더니 물었습니다.

"너는 세속에 있을 때 무엇을 하였느냐?"

제자는 이렇게 말했습니다.

"저는 청소부였습니다."

그러자 부처님은 빙그레 미소 지으며 말씀하셨습니다.

"그러면 너는 오늘부터 경전 공부는 그만두고 아침, 점심, 저녁 하루 세 번 청소만 해라."

청소부인 수행자는 오랫동안 같은 일을 반복하여 마침내 깨달음을 얻게 되었습니다.

세상의 모든 이치도 마찬가지입니다.

꿩고기를 한 번 먹고 건강해지기를 바라는 환자처럼 어리석은 사람은 한 번 하고서는 된다, 안 된다, 좋다, 나쁘다 하며 불평합니다.

아무리 사소한 일이라도 되풀이하고 반복하는 과정에서 보석과 같이 빛나는 소중한 결과를 얻게 된다는 것을 명심합시다.

음식을 급히 먹는 남편

어떤 사람이 북천축에서 남천축으로 갔습니다.

남천축에서 사는 동안에 그곳 여자를 아내로 맞이하여 단란한 가정을 꾸렸습니다.

한번은 아내가 남편을 위하여 갖가지 음식을 장만하였습니다. 남편은 음식을 허겁지겁 먹었습니다. 남편을 물끄러미 바라보던 아내가 물었습니다.

"당신, 참 이상하군요. 왜 그리 급히 드십니까?"

남편은 먹는 데 정신이 팔려 아내의 말을 제대로 듣지 못했습니다. 아내는 다시 말했습니다.

"빼앗아 먹을 사람도 없는데 왜 그리 급히 드십니까?"

이번에도 남편은 아내의 말을 듣지 못하고 계속 먹기만 했습니다. 또다시 아내는 말했습니다.

"좀 천천히 드셔요."

남편은 그제야 아내를 바라보았습니다.

아내가 물었습니다.

"왜 그렇게 빨리 음식을 드십니까?"

남편은 대답하였습니다.

"그것은 조상 대대로 전해 내려온 비밀이라 말할 수가 없구려."

아내는 비밀이란 말에 더욱 궁금해져서 다시 물었습니다.

"여보, 부부 사이에는 못할 말이 없는 법입니다. 어서 얘기해 보세요. 어서요."

남편은 한참 만에야 입을 열었습니다.

"조부 때부터 항상 음식을 빨리 먹는 버릇이 있다오. 나도 조상의 법을 본받았기 때문에 빨리 먹는 것이라오."

아내는 남편의 말을 듣고 속으로 비웃었습니다.

'흥, 별것을 다 본받는구나.'

많은 사람들이 전통을 계승한다고 하면서도 제대로 전통의 의미를 이해하지 못합니다. 게다가 그릇된 일을 저지르면서도 부끄럽게 생각하지 않습니다.

'우리 조부 때부터 이런 법을 지켜 왔다' 하며 죽을 때까지 그릇된 일을 반복합니다.

기존의 가치 개념을 타파하는 데서 가장 큰 깨달음이 열리는 법입니다.

우리는 많이 가져야 좋은 줄 알고 있으며, 높은 지위에 올라 군림하는 것으로 모든 것이 다 해결되는 줄 압니다.

많이 소유한다고 항상 만족할 수 있을까요?

우리의 마음은 많이 가지면 가질수록 더욱 더 가지고 싶어하며, 벼슬도 높아지면 높아질수록 더 높아지고 싶습니다.

우리는 무엇 때문에 살고 있는지 한번 생각해 보십시오.

아무리 큰 부와 높은 권력이라도 인간을 완전히 자유롭고 행복하게 할 수는 없습니다.

무소유 정신으로 적게 소유하고 다른 사람에게 베풀어 줄 때, 자유와 평화는 자신과 이웃에 깊이 뿌리를 내리는 것입니다.

무집착 정신으로 자신의 분수에 만족하며 충실할 때, 권력은 어려운 이웃에게 참된 힘이 되어 사회에 자유와 평화의 깃발을 높이 나부끼게 할 것입니다.

어리석은 자는 기존의 관습에 얽매여 눈먼 봉사가 될 것이며, 지혜로운 자는 기존의 관습을 냉철하게 꿰뚫어봄으로써 제3의 눈을 얻어 나날의 굴레 속에서 용수철처럼 튀어오를 것입니다.

암바라의 잇자국

어떤 장자가 있었습니다.

그는 '암바라' 열매를 매우 좋아하여 하인에게 과수원에 가서 암바라 열매를 사 오도록 하였습니다.

"달고 맛있는 것으로 사오너라."

하인은 주인이 시키는 대로 이웃 과수원으로 암바라를 사러 갔습니다.

때는 가을인지라 암바라가 탐스럽게 익어 먹음직스러워 보였습니다. 과수원 주인이 말했습니다.

"맛있는 것을 얼마든지 골라 따십시오. 우리 과수원의 과일은 모두 맛있고 좋습니다. 아무거나 한 개 따서 맛을 보시면 알 수 있을 것입니다."

하인은 암바라 열매를 따서 맛을 보았는데 기가 막히게 맛있었습니다.

그러나 한 개만으로는 맛을 알 수 없다면서 그는 모든 나무의 것을 조금씩 맛본 뒤에야 사겠다고 하였습니다. 마음씨 좋은 과수원 주인은 그렇게 해도 좋다고 했습니다.

하인은 과일을 하나하나 맛본 뒤에 사 가지고 집으로 돌아왔습니다. 장자는 하인이 사 온 암바라에 잇자국이 있는 것을 보고 기분이 상해서 먹지 않고 모두 버렸습니다.

세상 사람들도 이와 같습니다.

'계율을 지키면서 보시를 행하면 큰 부자가 되고, 몸은 항상 편하고 즐거워 어떤 질병에도 걸리지 않는다'는 말을 듣고도 그것을 믿지 않고 '보시로 복을 얻는다 하지만 나는 얻어야 믿을 수 있다'고 합니다.

어떤 선비가 종자를 데리고 먼 길을 떠났습니다. 날이 더워서 갈증이 몹시 났습니다.

그래서 큰 나무 밑에서 말을 매어 놓고 쉬면서 종에게 물을 떠 오라고 일렀습니다. 종은 가까운 샘으로 달려가 물을 한 바가지 떠 가지고 왔습니다. 그런데 종도 목이 몹시 말라 물이 먹고 싶었습니다. 그렇지만 주인보다 먼저 먹을 수가 없어서 꾀를 내었습니다. 물바가지를 받아 마시려고 하는 주인 곁에서 하인이 코를 훌쩍거리면서 누런 콧물을 들이마셨습니다.

선비는 종자에게 물었습니다.

"이 물속에는 콧물을 빠뜨리지 않았겠지?"

그러자 하인이 말했습니다.

"급히 뛰어오다가 그만 콧물을 빠뜨리고 말았습니다."

선비는 도저히 물을 마실 수가 없어 하인에게 도로 건네주었습니다. 하인은 기분 좋게 물을 마시고 선비는 갈증을 해소하지 못한 채 길을 떠났습니다.

믿음은 우리의 삶을 승화시키는 원동력입니다.

자신의 현재 모습을 가만히 살펴보면 지난 과거를 알 수 있으며, 앞으로 다가올 미래도 예견할 수 있습니다. 현재 몸을 받고 있는 현생의 모습을 봄으로써 전생의 자신이 어떤 몸이었는지 알 수 있으며, 내생에 어떤 몸을 받을 것인지도 알 수 있습니다.

어리석은 사람은 하나하나 과일을 맛보고 사 온 하인처럼 전생과 내생을 믿지 않고 자신의 육신과 정신을 함부로 다루어 지옥의 구렁텅이로 떨어질 것입니다.

지혜로운 자는 과일을 하나만 먹어 보고도 다른 것의 맛도 믿듯이 현재 일어나는 일들을 보고 전생과 내생을 믿음으로써 자신의 육신과 정신을 소중히 다루어 깨달음의 바다에 이를 것입니다.

조그마한 장난감 소

어떤 석공이 있었습니다.

그는 밤낮으로 큰 돌을 갈았습니다.

마침내 그는 큰 돌을 갈아 조그마한 장난감 소를 만들었습니다. 공은 많이 들였으나 결과는 매우 보잘것없었습니다.

세상 사람들도 이와 같습니다.

큰 돌을 간다는 것은 열심히 공부하는 데 비유한 것이요, 조그마한 장난감 소는 명예를 위하여 서로 다투는 것에 비유한 것입니다.

대개 공부하는 사람은 부지런히 연구하여 박식합니다. 그러나 배운 대로 실행하며 결과를 원대하게 구하지 않고, 당장의 명예만 구한다면 교만해져 허물과 근심만 더욱 커지게 될 것입니다.

〈화엄경 입법계품〉을 보면 깨달음을 증득하기 위하여 선지식을 찾아 천하 주유의 길에 오른 선재동자에게 문수보살은 다음과 같이 일러줍니다.

"착하고 착하다, 소년이여. 만약 신심을 떠난다면 마음은 근심이나 뉘우침으로 가득 차 버리고 게을러져서 작은 공덕으로도 만족하게 된다. 따라서 작은 선에 집착하기 때문에 보살행은 일어나지 않고 선지식에 의해서도 수호되지 않으며 또 여래에 의해서도 보호되지 않는다. 진리의 근원을 밝히거나 진리 자체를 체득하는 일을 할 수 없게 된다."

그렇습니다.

문수보살이 선재동자에게 이른 것처럼 우리는 눈앞에 보이는 보잘것없는 이익에 집착하여 인생에 있어 소중한 것을 잊지는 않았는지 한번 되돌아봅시다.

자신에게 가장 소중한 이상을 향하여 묵묵히 걸어가는 것이 인간과 인간 사이의 질서로 나아가 사회의 안녕을 회복하는 데 가장 좋은 묘약입니다.

물에 잠긴 나무

어떤 장자에게 어리석은 아들이 있었습니다.

아들은 바닷물에 여러 해 동안 잠겨 있던 아주 귀한 나무를 건져 집으로 가지고 왔습니다. 그 나무를 집에 두고 보니 돈이 되지 않아 시장에 내다 팔려고 하였습니다.

그러나 그 나무는 워낙 비싼 것이었기 때문에 사려는 사람이 없 었습니다.

하루, 이틀, 사흘, 여러 날이 지났으나 팔지 못했습니다.

어느 날, 그는 시장에서 숯장수가 숯을 쉽게 파는 것을 보고 생각 하였습니다.

'음, 그렇구나! 나도 이 나무를 태워 숯을 만들어 빨리 돈을 만들 어야겠다.'

아들은 곧 집으로 돌아와 그 나무를 태워서 숯을 만들었습니다. 그리고는 숯을 시장에 내다 팔았습니다. 하지만 돈은 반 수레의 숯 값도 되지 않았습니다.

이는 세상 사람들이 부처님의 도를 얻으려고 부지런히 정진을 하지만 쉽게 얻을 수 없을 때, 성문의 결과를 구하기 위해 속히 생사를 끊어 아라한이 되는 것이 낫겠다고 생각하는 것과 같습니다.

진실에 이르는 길은 쉽지 않습니다.

왜냐구요?

헤아릴 수 없는 긴 전생을 통해 수레바퀴 자취처럼 따라다니는, 안일을 구하고 탐욕스럽고 어리석은 습의 덩어리가 바로 우리의 모습이기 때문입니다. 그래서 우리는 명상을 통하여 바른 길을 찾고, 인내를 통하여 바른 삶과의 편차를 줄이는 것입니다.

명상은 우리를 덮어씌우고 있는 어리석음을 벗겨내는 작업입니다. 참고 견디는 인내는 성내는 마음을 녹여내는 작업입니다.

'산 목숨을 죽이지 말라.'

'도둑질을 하지 말라.'

'거짓말을 하지 말라.'

올바른 윤리의 실천은 우리를 덮어씌우고 있는 탐욕의 물결을 잠재우는 작업입니다.

힘겹고 어렵더라도 진실한 길을 걸어가야 하지 않겠습니까?

이 땅에 자유와 평화를 구현하고, 이 땅을 부처님의 나라로 만드는 작업은 이 땅에 몸을 받아 태어난 우리 모두의 의무입니다.

비단을 주고 산 베옷

가난하여 남의 물건을 훔치는 도둑이 된 사람이 있었습니다.

하루는 부잣집에 몰래 들어가 비단을 훔쳤습니다. 그는 어리석어 비단이 좋은 옷감인 줄을 몰랐습니다. 그래서 그는 시장에 나가 비단을 주고 낡은 베옷을 구했습니다.

한 사람이 물었습니다.

"아니, 자네는 왜 좋은 비단으로 다 낡은 베옷을 사는가?"

"비단은 옷이 아니기 때문에 삼베옷과 바꾸는 것입니다."

그래서 그는 많은 사람들로부터 비웃음을 받았습니다.

이것은 사람들이 부처님의 가르침 안에서 선한 진리를 배우고 온갖 공덕을 닦다가도 눈앞의 이익을 탐하여 청정한 계율과 공덕을 깨뜨려 세상의 웃음거리가 되는 것과 같은 어리석은 짓입니다. 부처님의 가르침을 담은 〈밀란다왕문경〉에 이런 구절이 있습니다.

"존사 나가세나여, 출가한 승려도 자기 몸을 소중하게 생각합니까?"

"대왕이시여, 출가한 승려는 제 몸을 소중하게 여기지는 않습니다."

"그렇다면 존사여, 어째서 당신은 자기 몸을 아끼고 자기 것이라 하여 애착하는 것입니까?"

"대왕이시여, 폐하께서는 싸움터에서 화살에 맞은 적이 있으십니까?"

"존사여, 화살 맞은 일이 있었습니다."

"그때 대왕께서는 상처에 연고를 바른 뒤 붕대로 감으셨습니까?"

"그렇습니다, 존사여. 연고와 기름을 바른 다음에 붕대로 감았습니다."

"대왕이시여, 연고를 바르고 기름을 칠하고 붕대까지 감으셨다면 폐하께서는 그 상처를 대견하게 여기신 것입니까?"

"아닙니다, 존사여. 상처를 대견하게 여기는 사람은 없습니다. 나는 오직 새 살이 나오도록 하기 위해서 연고를 바르고 기름을 칠하고 붕대를 감았을 뿐입니다."

"대왕이시여, 그와 마찬가지로 승려도 또한 제 몸을 대견하게 여기지는 않습니다. 출가한 승려는 몸에 대한 애착은 없습니다. 다만 청정한 수행을 위해서 몸을 소중히 할 뿐입니다. 청정수행을 첫째 목적으로 삼는 출가자이기에 수명이 다할 때까지 몸을 소중히 다룰 뿐입니다."

시간과 건강은 우리를 기다리지 않습니다.

도둑이 비단으로 베옷을 사는 것처럼 소중한 시간을 담보로 하여 보잘것없는 재물과 권력을 사는 어리석음을 범하고 있지는 않는지 돌이켜봅시다.

대머리의 고민

머리에 털이 하나도 없는 사람이 있었습니다.

머리카락이 없어 겨울이면 춥고, 여름에는 너무 덥고, 모기나 진드기가 물기 때문에 밤낮으로 심한 고통을 받았습니다.

마을에 여러 가지 비방을 잘 알고 있는 의사가 있었습니다.

대머리는 그 의사를 찾아갔습니다.

"의사 선생님, 제 머리에는 털이 하나도 없습니다. 어떻게 털 나는 약이 없을까요? 아니면 무슨 치료 방법이 없을까요? 제발 제 대머리 병을 고쳐 주십시오."

그러자 의사는 말없이 모자를 벗어 자기의 머리를 그에게 보였습니다.

의사 역시 대머리였습니다.

"나도 대머리 병으로 고통 중이오. 만일 내가 그 병을 다스려 낫게 할 수만 있다면 우선 내 병부터 다스렸을 것이오."

개인의 문제로부터 사회 문제에 이르기까지 세상살이엔 고민과 고통이 따르게 마련입니다.

혼자서 끙끙 앓던 고민을 친구나 스승에게 털어놓아 고민으로부터 해방되어 본 적이 있을 것입니다. 친한 벗과의 대화로 고민의 무게는 절반 이상으로 줄어들 수 있습니다.

따뜻한 이해의 정에서 나오는 대화는 활활 타오르는 용광로가 철을 녹이듯이 어떤 어려움이라도 녹여 해결의 실마리를 찾아 줍니다. 이해와 용서가 있는 대화만이 단절된 인간관계와 사회 문제를 해결할 수 있는 최선의 방법입니다.

어리석은 사람은 대화의 단절에 의하여 더욱 고립됨으로써 다수 속에 혼자이게 되며, 지혜로운 사람은 대화를 바탕으로 하여 다수 속에 풍요를 누리며, 사회가 안고 있는 병을 치유할 수 있다는 확신을 가질 수 있습니다.

복잡한 사회에서 다른 삶을 이해하려는 따뜻한 마음의 물결이 출렁인다면 그 사회는 다시 새롭게 소생합니다.

따뜻한 마음이 담긴 말 한마디가 우주를 밝히는 거대한 태양에 불을 붙입니다.

뱀의 머리와 꼬리

숲속에 뱀 한 마리가 살고 있었습니다.

그런데 뱀의 꼬리와 머리는 사이가 좋지 않았습니다. 길을 갈 때에 언제나 머리가 앞서고 꼬리가 뒤따르는 것이 꼬리는 늘 불만이었습니다.

그래서 뱀의 꼬리가 머리에게 말했습니다.

"머리야! 오늘은 내가 앞서 갈 테니 선두를 나에게 양보할 수 없겠니?"

뱀의 머리가 대답했습니다.

"내가 언제나 앞서 갔는데 갑자기 그게 무슨 소리야?"

그러고는 늘 하던 대로 머리가 앞서 갔습니다.

꼬리는 더 이상 참을 수가 없었습니다. 그래서 꼬리로 나무를 칭칭 감고 가지 못하게 하였습니다. 하는 수 없이 머리가 꼬리에게 선두를 양보했습니다.

그리하여 꼬리가 칭칭 감았던 것을 풀고 앞서 갔습니다. 그러나 꼬리에게는 눈이 없어서 앞서 가다가 뱀은 불구덩이에 떨어져 타 죽고 말았습니다.

스승과 제자도 이와 같습니다.

제자들은 '스승님은 나이가 많은 것을 핑계로 언제나 앞에 있으려고 하시지만, 우리 젊은 세대가 앞서 가야 한다'고 합니다.

그러나 젊은 제자들은 계율에 익숙하지 못하여 뱀의 꼬리가 앞서 가다가 불구덩이에 떨어져 타 죽은 것처럼 계율을 범하고 서로 얽혀 지옥에 떨어집니다.

머리는 머리로서 할 일이 있으며, 꼬리는 꼬리로서 할 일이 있는 법입니다. 모든 존재는 그 존재 나름대로의 몫을 가지고 있으며, 관계의 굴레 속에서 스스로 해야 할 일이 있게 마련입니다.

역사는 획득한 부와 권력을 유지, 확대시키려는 보수주의와 기존의 틀을 깨고 더 크고 높은 이상을 향하여 발돋움하려는 진보주의의 충돌로 이어집니다. 그 사이에서 새로운 조화를 찾으며, 또 새로운 문화를 창출하면서 흘러갑니다. 이것은 인간에게 내재된 동물적인 면과 신적인 면의 양면성이기도 합니다.

보수와 진보가 서로를 부정하며 조화를 이루지 못할 때에는 사회가 몹시 혼란스러워집니다. 보수와 진보가 서로를 긍정하며 조화를 찾을 때에야 개인적으로는 자아 완성을 이루며, 사회적으로는 평화를 창출하게 됩니다.

어리석은 자는 뱀의 머리와 꼬리처럼 시기 질투하여 서로를 부정함으로

써 파멸의 구렁텅이에 빠집니다. 지혜로운 자는 자신의 위치에서 자기가 해야 할 일을 성실히 실천합니다. 그렇게 함으로써 보잘것없는 뱀에서 용으로 승천할 수 있습니다.

왕의 수염을 깎는 신하

어떤 왕이 있었습니다.

왕에게는 전쟁터에서 왕을 구출한 믿음직스러운 한 신하가 있었습니다.

전쟁터에서 돌아온 왕은 곧 그 신하를 불러 자신의 목숨을 구해 준 것에 감사하며 그 신하에게 소원이 있느냐고 물었습니다.

"경의 소원이 무엇이오? 나는 경을 가까이 두고 싶은데, 경이 원하는 직위를 주려고 하오."

신하가 대답하였습니다.

"왕께서 수염을 깎으실 때에 제가 깎을 수 있도록 허락하여 주소서."

왕은 의아스럽게 생각하며 물었습니다.

"왜 수염 깎는 것을 택하고자 하오?"

그는 대답했습니다.

"그 정도면 제 분수에 족합니다."

왕은 말했습니다.

"그 일이 경의 마음에 든다면 어쩔 수 없지. 그대 소원대로 하시오."

그래서 그는 왕의 수염을 깎는 사람이 되었습니다.

그러자 이야기는 삽시간에 온 나라에 퍼졌습니다.

"아니, 하필이면 수염 깎는 직업을 택할 게 뭐야? 나라를 다스릴 대신이나 재상의 자리를 얻을 수도 있었을 텐데."

"그러게나 말일세."

백성들로부터 그는 비웃음을 샀습니다.

모든 부처님께서는 한량없는 겁 동안 어렵고 고달픈 수행을 닦은 뒤 스스로 부처가 되는 것입니다. 부처님이 되는 것은 눈먼 거북이 만경창파에 떠도는 구멍 뚫린 널빤지를 만나 그 구멍에 목을 내놓고 숨 한 번 쉬는 것보다 어려운 것입니다.

우리는 만나기 어려운 정법을 이 세상에서 만났습니다.

그러나 우리는 인생에서 세운 뜻이 용렬하여 조그만 계율을 가지고 만족하며 열반의 묘한 법을 구하지 않습니다. 게다가 열반의 묘한 법을 구할 마음이 없어 삿된 일을 하면서 스스로에게 만족합니다.

마치 왕의 수염을 깎는 직업으로 만족을 얻는 어리석은 신하처럼.

뜻이 있는 곳에 길이 있는 법입니다.

아무리 높고 큰 소원이라도 본인의 절실함에 의해서 언젠가는 이루어진다는 것을 명심합시다.

아이를 죽인 바라문

어떤 바라문이 스스로 많은 것을 안다고 잘난 체하였습니다.

태양계, 별자리 등 우주의 이치를 알 뿐만 아니라 온갖 재주와 예술까지도 통달했고, 앞으로 일어날 일도 예언할 수 있다고 떠벌리고 다녔습니다.

하루는 재주를 뽐내고 싶어서 이웃나라에 가서 한 아이를 끌어안고 울었습니다.

어떤 사람이 그에게 물었습니다.

"왜 우는가?"

그는 대답했습니다.

"이 아이는 앞으로 칠일 안에 죽을 것이오. 그래서 너무나 가여워 울고 있는 것이라오."

이 말을 듣고 주위에 있는 사람들은 말했습니다.

"사람의 명이란 참으로 알기 어려운 일이네. 칠일 안에 안 죽을 수도 있는데 왜 미리 우는가?"

그는 대답했습니다.

"해와 달이 없어지고 별들이 떨어지는 일이 일어나더라도 내 예언은 틀림이 없을 것이오."

칠일 째 되는 날, 그는 자기의 명예와 이익을 지키기 위해 그 아이를 죽여 그의 예언을 실증시켰습니다.

세상 사람들은 칠일 뒤에 그 아이가 죽었다는 소문을 들었습니다.

"참으로 슬기로운 사람이야. 그 예언이 딱 들어맞았네."

모여든 사람들은 그에게 많은 재물을 바치고 음식도 올렸습니다.

이것은 부처님의 제자들이 이익만을 위하여 세상 지식만을 가지고 도를 얻었다고 자칭하면서 거짓으로 자비의 덕을 드러내는 것과 같은 이치입니다.

그로 인하여 장래에 한량없는 괴로움을 받게 되니 마치 바라문이 자기 말을 입증시키기 위하여 아이를 죽여 세상 사람들의 눈을 속이는 것과 조금도 다름이 없겠습니다.

모르면서 아는 체하는 것도 큰 죄입니다.

순간적으로는 속일 수 있지만 영원하지는 못합니다. 거짓은 언젠가는 드러나게 마련입니다. 순간을 편안하기 위해 영원을 버리는 어리석은 사람이 되지 맙시다.

'그 사람이 어떤 사람인가?' 또는 '어떻게 살았는가?' 하는 심판은 지금 당장 그 사람이 이룩한 부, 명예, 권력으로 평가되는 것이 아니라, 이 생에서 지은 업만큼 다음 생에 그에 상응하는 육신을 받는 것으로 내려지는 것입니다.

우리 속담에 '열 길 물속은 알아도 한 길 사람 속은 모른다' 는 말이 있습니다.

어떻게 살았느냐 하는 심판은 자신의 생활과 직결되어 있습니다.

세상 사람들을 속일 수 있어도 인과는 속일 수 없습니다. 세월이 흐르면 행한 대로 과보가 나타나게 됩니다.

모른다는 것과 없다는 것은 엄연히 다른 것입니다.

옛날 우리가 서양을 몰랐다고 해서 서양이 없었던 것입니까? 아닙니다. 전생이나 내생에 관한 문제도 마찬가지입니다.

모를 때는 선각자의 이야기를 순순히 믿을 수 있는 마음의 자세가 필요합니다.

이것은 자신을 풍요롭게 하는 마음의 여유입니다.

말과 경험

어떤 선장이 아들과 여러 장사꾼들과 함께 보물섬을 찾아 바다로 나갔습니다. 선장의 아들은 아버지로부터 항해술과 보물섬의 지도 보는 방법을 배웠습니다.

아들은 신이 나서 장사꾼들에게 말했습니다.

"나는 항해하는 법을 다 알고 있다."

사람들은 그의 말을 그대로 믿었습니다.

그런데 얼마 후 선장이 갑자기 죽었습니다. 그래서 그 아들이 아버지인 선장을 대신하여 일을 맡게 되었습니다.

물이 굽이쳐 돌며 급히 흐르는 곳에 이르렀을 때, 아들이 외쳤습니다.

"키를 이렇게 잡고, 배를 이렇게 바로잡아야 한다."

그러나 배는 빙빙 돌기만 하고 앞으로 나아가지를 못했습니다. 실제 경험이 없는 선장의 아들은 막상 큰일을 당하자 어쩔 줄을 몰라 했습니다.

결국 배는 파도에 휩쓸려 침몰하게 되었습니다. 그리하여 보물

섬에 이르기도 전에 배 안의 모든 사람은 바다에 빠져 죽고 말았습니다.

　세상 사람들도 이와 같습니다. 제대로 가르치는 것도 중요하지만, 제대로 배우는 것도 중요합니다.

　참선하는 법, 숨을 고르는 법, 또는 부정관을 익혀 비록 그 말은 외우지만 실제 그 이치를 알지 못하여 중도에 그만두는 일이 있습니다.

　그러고는 망령되게 참선하여 견성도 하지 못한 채 스승 노릇을 함으로써 선정이 어떻고 하며 가르쳐 많은 사람들을 미혹시킵니다.

　또한 경전을 제대로 이해하지도 못하면서 다른 사람들을 가르쳐 일생 동안 아무 소득도 없는 것은 마치 저 어리석은 선장의 아들이 남들을 바다에 빠져 죽게 하는 것과 다를 바가 없습니다.

돼지 같은 남편

어떤 부부가 살고 있었습니다. 금슬은 좋았지만 매우 어리석었습니다.

하루는 부부가 떡 세 개를 놓고 나누어 먹고 있었는데, 하나씩 먹고 나니 하나가 남았습니다. 그들은 나머지 떡 한 개를 두고 어떻게 할까 의논했습니다.

남편이 먼저 말했습니다.

"말을 먼저 하는 쪽이 떡을 못 먹도록 합시다."

이렇게 약속하고는 그 떡을 먹기 위해 서로 먼저 말을 하려고 하지 않았습니다.

밤이 되자 도둑이 들었습니다. 도둑은 집 안에 있는 모든 물건을 훔쳐 갔습니다. 그러나 부부는 도둑이 든 것을 알고도 가만히 있었습니다. 말을 먼저 하면 떡을 못 먹을까 봐 입을 다문 채 잠자리에서 일어나 앉아 있었습니다.

도둑은 혹 그들이 병신이 아닌가 하는 생각을 하면서 떠들어댔지만 역시 대꾸를 하지 않자, 남편이 보는 앞에서 부인을 겁탈하려고 하였습니다.

그러자 부인은 소리를 질렀습니다.

"도둑이야!"

도둑은 엉겁결에 부인의 몸에서 손을 떼었습니다.

부인이 말했습니다.

"이 돼지 같은 양반아! 떡 한 개를 더 먹겠다고 도둑이 들어 제 아내를 겁탈하려는데 한마디 말도 없이 있단 말이오!"

그제야 남편이 손뼉을 치면서 말했습니다.

"이제 이 떡은 내 것이다. 당신이 먼저 말했으니 당신에게는 주지 않겠다."

세상 사람들도 이와 같습니다.

조그마한 명예나 이익을 위하여 고요히 있지만, 헛된 번뇌나 갖가지 악한 도적의 침략을 받아 마침내 착한 법을 잃고 세 갈래 나쁜 길에 떨어지게 됩니다.

그리하여 다섯 가지 쾌락에 빠져 큰 괴로움을 당하더라도 환란이라 생각하지 않는 것입니다.

마치 저 어리석은 자가 떡 한 개를 먹기 위해 도둑에게 재물을 잃는 것처럼.

미움은 미움을 낳고

어떤 사람이 남을 미워하며 늘 시름에 잠겨 있었습니다.

한 친구가 그를 찾아왔습니다.

"무슨 일이 있기에 그토록 시름에 잠겨 있나?"

"내가 미워하는 사람이 있는데, 어떻게 하면 해칠 수 있을까 고민 중이라네. 그놈이 나를 헐뜯고 돌아다닌다네."

"으흠."

"그놈은 천하장사라서 힘으로는 도저히 굴복시킬 수가 없다네."

친구가 말했습니다.

"비타라 주문이라면 그를 해칠 수가 있네. 그러나 이 주문의 단점으로 만일 그를 해치지 못하게 될 때에는 도리어 자신을 해치게 되거든."

그는 친구의 말을 듣고 매우 기뻐하면서 말했습니다.

"그래? 그렇다면 내게 그 주문을 가르쳐 주게. 비록 나를 해치는 일이 있더라도 내 반드시 그놈을 해치고 말 테니까."

친구가 주문을 가르쳐 주었습니다.

그러나 그는 이 주문으로 상대방을 해치려다가 도리어 자신이 해를 입고 말았습니다.

남을 미워하기 때문에 비타라 주문을 사용하여 남을 해치려 하지만 끝내 해치지 못합니다.

먼저 남을 미워하기 때문에 도리어 자기를 해쳐 지옥이나 아귀나 축생 세계에 떨어지게 됩니다.

〈법구경〉에 이런 구절이 있습니다.

'싸움터에서 수천의 적을 물리치기보다는 자기를 이기는 사람이야말로 전사 중의 으뜸이라 할 것이다.'

그렇습니다.

우리의 가장 큰 적은 이웃에 있지 않습니다. 사회주의나 자본주의 같은 제도도 우리의 가장 큰 적이 아닙니다.

우리의 가장 큰 적은 자신의 내부에서 끊임없이 일렁이는, 자신밖에 모르는 탐심과 이웃을 미워하고 시기 질투하는 진심과 옳고 그름을 분간할 줄 모르는 치심임을 알아야 합니다.

가슴속에서 일렁이고 있는 탐, 진, 치 삼독의 파도를 조용히 다스려 보십시오.

몸으로는 바른 계행의 윤리가 행해질 것이며, 가슴에는 맑은 바람이 불어 진심의 여울을 자비의 골짜기로 바꿀 것이며, 머리에서는 지혜의 샘이 펑펑 솟아나 부처님의 나라가 눈앞에 펼쳐질 것입니다.

거짓 죽은 여자

못생긴 남자에게 아름다운 부인이 있었습니다.

그는 부인을 마음속 깊이 사랑하고 매우 소중히 여겼습니다. 그런데 부인은 정숙하지 못하여 다른 남자를 사랑하였습니다. 게다가 음탕한 마음을 다스리지 못하여 제 남편을 버리고, 외모가 남편보다 나은 군서방에게 도망가기로 마음먹었습니다.

어느 날, 부인은 이웃에 사는 할머니에게 이렇게 말했습니다.

"내가 떠나거든 여자의 송장을 우리 방에 가져다 두십시오. 그리고 남편이 돌아오거든 내가 '그만 갑작스레 죽었다'고 말해 주십시오."

이렇게 당부한 부인은 집을 나갔습니다. 이웃집 할머니는 그녀의 남편이 없는 사이에 한 여자의 시신을 그의 집 안에 갖다 놓았습니다.

날이 어두워지자 남편이 밖에서 일을 마치고 돌아왔습니다.

할머니는 말했습니다.

"당신의 아내가 갑작스레 세상을 떠나고 말았소."

남편은 그 시체가 진짜 자기의 아내인 줄 알고 슬피 울면서 괴로워하였습니다. 그는 장작을 쌓고 기름을 부어 시체를 화장한 후, 뼈를 자루에 담았습니다. 그러고는 그 자루를 밤낮으로 끼고 있었습니다.

한편, 아내는 남편을 버리고 군서방에게 달려갔으나 얼마 뒤 군서방이 싫어져 집으로 돌아와 남편에게 말했습니다.

"내가 바로 당신의 아내입니다."

남편은 슬픈 마음을 억누르며 말했습니다.

"내 아내는 이미 세상을 떠났소. 그런데 그대는 무슨 증거로 내 아내라고 거짓말을 하는 것이오?"

그의 아내는 두 번, 세 번 말했지만 남편은 도무지 믿지 않았습니다. 아내는 안타까웠으나 어쩔 수가 없었습니다.

이것은 마음이 수시로 변하는 변덕스러운 사람에게 주는 교훈입니다.

남편은 어리석지만 진실로 아내의 육체를 뛰어넘어 영혼까지도 사랑하였다고 할 수 있습니다. 아내가 죽었다는 말을 믿고 사랑하는 아내를 가슴 속 깊이 묻어 두었는데, 갑자기 아내처럼 생긴 여자가 찾아와 자기가 아내라고 우긴다고 해서 믿을 리 있겠습니까?

우리의 삶은 항상 오르막과 내리막의 연속입니다.

좋은 일이 있으면 슬프고 궂은 일이 있게 마련입니다. 목적한 바를 향하여 끊임없이 항해하고 있는 사람에게는 순풍과 역풍이 따를 수밖에 없습니다. 그러나 그는 언젠가 목적지에 도달합니다.

　세상 바람이 동쪽으로 분다고 동쪽에 붙고, 서쪽으로 분다고 서쪽에 붙는 사람은 거짓 죽은 여자와 같이 진실을 모르고, 세상에 보이는 겉모습에만 홀려 가장 소중한 삶을 쉽게 버리는 어리석은 사람입니다.

목마른 사람

힌두강 근처에 어떤 사람이 살고 있었습니다.

하루는 목이 말라 물을 찾았습니다. 따가운 햇살이 내리쬐고 있어 강물 위로 아지랑이가 피어올랐습니다. 그는 아지랑이를 물이라 생각하고는 곧장 힌두강가로 달려갔습니다. 유유히 흐르는 물을 대하자 그는 그저 바라볼 뿐 마시려 하지 않았습니다. 그때 곁에 있던 사람이 물었습니다.

"자네는 목이 몹시 말라 강으로 달려온 모양인데, 왜 바라만 보고 물은 마시지 않는가?"

그는 대답했습니다.

"그대가 마시고 나면 내가 마시겠다. 물이 너무 많아 한꺼번에 다 마실 수가 없기 때문이다."

이 말을 들은 동네 사람들은 그를 비웃었습니다.

이것은 마치 사람들이 자신의 생각에 빠져 부처님의 가르침을 배울 필요가 없다면서 들으려 하지 않는 것과 같습니다.

그리하여 도를 깨우치지 못하고 도리어 부처님의 가르침(불교)을 비방하다가 나고 죽는 괴로움에서 헤매게 되는 것입니다.

저 어리석은 사람이 물을 보고도 마시지 않아, 사람들의 비웃음을 사는 것과 다를 바가 없습니다.

이 세상 일을 저 혼자 다해야 하는 것처럼 허둥대는 사람도 어리석은 사람입니다.

이 세상에 존재하는 모든 것은 돌 하나, 풀 한 포기라도 제 할 일이 있게 마련입니다. 자기에게 주어진 일이 사소한 일일지라도 정성껏 잘 수행하는 사람이 정말 소중한 사람입니다. 자기가 아니면 안 된다는 생각에서 벗어나야만 진실해질 수 있습니다.

어쩌면 우리 모두는 자신의 우물에 빠져 우물 밖을 볼 줄 모르는 근시안은 아닌가 자신을 들여다봅시다.

만약 자신이 어떤 모임의 회장직을 맡았다면, 시간적으로나 경제적으로 불가능한 일을 무리해서라도 재임 시에 꼭 이루려고 버둥거리고 있다면 그것이 진정 자신을, 모임을, 사회를 위하는 길인지 생각해 봅시다.

우리의 삶은 긴 역사 속에서 작은 거름에 지나지 않습니다.

꽃은 피어 향기를 발해야 아름답고, 거름은 썩는 냄새를 피워야만 귀한 법입니다.

이름 없이 살고 간 맑고 깨끗한 수많은 영혼들에 의하여 우리들의 모습, 우리들의 사회는 정화되고 성숙되는 것입니다.

두 아들의 죽음

아들을 일곱 명이나 둔 사람이 있었습니다.

어느 날, 갑자기 큰아들이 병을 앓다가 세상을 떠나고 말았습니다.

그런데 그는 죽은 아들을 집에 그대로 둔 채 장례를 치르려고 하지 않았습니다.

곁에 있던 사람이 그에게 말했습니다.

"살고 죽는 길이 다른 법이라네. 빨리 상여를 꾸며 먼 곳에 보내어 장사 지내는 것이 마땅하거늘 어째서 두고만 있는가?"

이 말을 들은 아버지는 곰곰이 생각했습니다.

'만약 집에 두지 않고 꼭 장례를 치러야 한다면, 아들 하나를 더 죽여 두 머리를 메고 가는 것이 보다 운치 있는 일일 것이다.'

그러고는 곧 아들 하나를 더 죽여 두 아들의 머리를 메고 먼 숲속에 가서 장사를 지냈습니다.

그러자 이웃사람들은 이제까지 없었던 괴이한 일이라 수군거리며 그를 비웃었습니다.

어떤 비구가 남몰래 한 가지 계율을 범하고도 잠자코 덮어 둔 채 청정한 체 행동했습니다. 다른 사람이 그 사실을 알고 비구에게 말했습니다.

"출가한 사람은 계율을 지키되 진주를 보호하듯이 어긋남이 없어야 하거늘, 그대는 계율을 범하고도 뉘우치려 하지 않는가?"

그러자 그는 이렇게 대답했습니다.

"어차피 저지른 일이니 참회할 바에야 여러 번 범한 뒤에 하리라."

그러고는 거리낌 없이 계율을 지키지 않았습니다.

'바늘 도둑이 소 도둑 된다'는 속담이 있습니다.

조그마한 잘못을 저질렀을 때 뉘우치고 손을 뗀다면 크게 문제될 것이 없지만, 조그마한 잘못을 저질러 놓고 뉘우침 없이 계속 잘못을 저지른다면 조그마한 눈덩이가 굴러 큰 눈덩이가 되듯이 죄는 엄청나게 커져 다음 생에까지 그 과보를 받게 됩니다.

몸에 배어 있는 습(習)이라는 것은 암적인 존재와 같습니다. 이 습에서 자유롭기 위하여 어려움을 참고 견디면서 수행의 길을 걷는 것입니다.

촛불에 초가 녹아내리듯 한곳을 향한 지극한 마음은 우리가 갖고 있는 잘못된 습들을 녹여내어 바른 모습으로 우리를 빛나게 합니다.

병아리가 껍질을 깨고 세상에 나오듯이 갖추어져 있는 기존의 틀을 깨고 뛰어넘는다는 것은 매우 어려운 작업입니다.

모든 기득권을 포기하고 수행의 길을 걷는 종교인은 그 길을 걷겠다는 발심만으로도 자신의 삶을 위대하게 하는 것입니다.

　지혜로운 자는 세상의 온갖 굴레, 부, 명예를 깨뜨리고 진리의 길을 당당하게 찾아가는 것을 즐거워합니다.

남의 허물을 말하기 전에

어떤 사람이 여러 사람들과 함께 방 안에서 남의 이야기를 하고 있었습니다.

"그 사람은 사람됨은 좋은데, 성을 잘 내고 일을 경솔히 하는 허물이 있단 말이야."

마침 그 사람이 문 밖을 지나다가 자기의 허물을 말하는 것을 듣고 방 안으로 뛰어들었습니다. 그러고는 허물을 말한 사람을 주먹으로 때리고 발로 차며 성을 냈습니다.

옆 사람이 물었습니다.

"왜 그 사람을 때리는가?"

그는 대답하였습니다.

"나를 두고 항상 성을 잘 내고 일을 경솔히 한다고 하는데, 화가 나지 않겠는가?"

옆 사람이 웃으면서 말했습니다.

"자네의 지금 행동이 바로 성 잘 내고 경솔한 짓이 아니고 무엇인가?"

그러자 성을 냈던 사람은 얼굴을 붉히면서 돌아갔습니다.

남이 자기의 허물을 말할 때 원망하거나 성을 내면, 사람들은 그의 어리석고 미혹한 행동을 더욱 흉보게 되고 더 많은 허물을 말하게 됩니다.

마치 술을 잘 마시는 사람이 술에 취해 거칠고 못된 짓을 하다가 술이 깨었을 때 남의 나무람을 듣게 되면 도리어 억울해하면서 스스로 깨끗한 체하려는 것과 같습니다. 그러나 변명하면 할수록 있었던 사실과 어긋나기 때문에 더욱 난처하게 되는 것입니다.

우리는 스스로를 가장 잘 알고 있다고 여기지만 정작 일에 부딪치면 자기 자신에 대해서 아는 것이 아무것도 없습니다.

그만큼 우리는 자신에 대해서 소홀하고 경솔합니다.

자신에 관해서 아무것도 모르면서 상대방에 대해서는 매우 잘 알고 있다고 착각하는 것이 우리의 현실입니다.

자신의 상황이 상대방과의 관계 속에서 파악되는 것이라면, 상대방에 대한 판단 기준은 자신의 내면으로부터 오는 것이므로 자신에 대한 정확한 앎이 없이는 올바른 관계가 유지되지 않습니다.

우리는 우리 것에 대해 얼마나 알고 있으며, 우리의 삶 속에 얼마나 채색되어 있습니까? 우리 것을 제대로 갖고 있지 않으면서 혼자 애국하는 것처럼 떠들고 있는 것이 오늘날 우리들의 현실이 아닌지 한번 깊이 생각해 봅시다.

진정 나라의 앞날을 걱정한다면 자신부터 철저한 애국자인지 확인하여야겠습니다. 얼마나 우리의 색깔로 채색하고 있는지 돌이켜봅시다.

자신을 가장 잘 아는 사람, 자신을 이기는 사람이 진정 지혜로운 삶을 열어 가는 사람입니다.

순진한 벌거숭이

태생은 귀하나 가난하게 살고 있는 사람이 있었습니다.

그는 너무 가난하여 남의 집에서 고용살이를 하여 받은 품삯으로 올이 굵은 베옷 한 벌을 장만했습니다.

친구가 그에게 물었습니다.

"그대는 단정한 귀인의 아들인데, 어찌 이렇게 낡고 거친 베옷을 입을 수 있겠소?"

"가난해서 입을 것이 없기 때문이라오."

그러자 친구가 말했습니다.

"염려할 것 없소. 그대에게 어울리는 아름답고 훌륭한 옷을 갖게 마련해 줄 테니 내 말을 따르겠소? 나는 결코 당신을 속이지 않을 것이오."

친구는 불을 피워 놓고 그에게 말했습니다.

"당장 그 추한 옷을 벗어서 불 속에 던지시오. 그 옷이 탄 자리에서 훌륭하고 아름다운 옷이 생기도록 할 테니까."

그는 의아스럽게 생각했지만, 친구의 진지한 표정에 감동하여 주저함도 없이 옷을 벗어서 불 속에 던졌습니다.

그런데 아무리 기다려도 훌륭하고 아름다운 옷은 생겨나지 않았습니다. 친구는 벌거벗은 그를 보고 소리내어 웃으며 도망쳐 버렸습니다.

연금술사들은 무에서 유를 창조하기 위하여 평생을 보냅니다.

요즘에도 일확천금을 노리는 무리들이 많이 있습니다. 이런 무리들에 의해서 사회 정의와 질서는 무너집니다. 자기밖에 모르는 탐욕이 사회를 병들게 하고 있습니다.

시간의 흐름에 따라 엔트로피(무질서도, 혼란도)는 점점 커져만 갑니다. 엔트로피의 증가는 우리들에게 위기의식을 고조시키고 있습니다.

어떤 종교에서는 말세를 운운합니다.

어려운 이웃에게 베풀어 주는 것을 당연한 것으로 여기는 사회에서 살 수는 없을까요?

옛날 불로장생하는 귀한 술을 한 병씩 가진 두 사람이 있었습니다. 귀한 손님을 대접하느라 조금씩 마시다 보니 반 병쯤 남게 되었습니다. 한 사람은 술이 반 병밖에 남지 않았구나 하며 걱정하였고, 다른 사람은 아직 술이 반 병이나 남아 있구나 하면서 즐거운 마음으로 술을 마셨습니다. 욕심은 끝이 없습니다.

지혜로운 자는 자신의 절제에 의해서 여유로운 부자가 될 수 있다는 것을 알고 세상을 풍요롭게 살아갑니다.

나뭇가지에 맞은 여우

숲에서 여우 한 마리가 혼자 외롭게 살아가고 있었습니다.

바람이 세차게 부는 어느 날이었습니다.

여우는 바람을 피해 나무 밑에 있었습니다. 바람이 세차게 불어 나뭇가지가 우지끈 부러지면서 여우의 등에 떨어졌습니다. 여우는 깜짝 놀라 눈을 감은 채 나무를 쳐다보지도 못하고 다른 곳으로 달아났습니다.

날이 저물었으나 여우는 자기가 살던 곳으로 돌아가려 하지 않았습니다.

바람은 여전히 불고 있었고, 나뭇가지도 심하게 흔들리고 있었습니다.

여우는 그러한 광경을 바라보며 생각했습니다.

'나무가 나를 유혹하고 있구나. 나무 밑으로 오라고.'

그러고는 더욱 더 먼 곳으로 달아났습니다.

어리석은 제자도 이와 같습니다.

스승을 가까이 모시고 있다가 혹 꾸지람을 듣게 되면 곧 달아납니다.

그 뒤에 옳지 못한 벗을 만나 끝없이 번민하다가는 더욱 더 먼 곳으로 달아납니다.

우리가 잘 아는 동화 이야기입니다.

낮잠을 자던 토끼가 꿀밤 떨어지는 소리에 놀라 천지가 무너지는 줄 알고 도망가는데, 지나가던 다른 동물들도 토끼의 말을 믿고 함께 도망을 갑니다. 가다가 사자를 만납니다. 사자가 무슨 일이냐고 물으니 동물들은 천지가 무너진다고 야단이었습니다.

"누가 천지가 무너진다고 하더냐?"

사자가 물으니 아무도 몰랐습니다.

결국 토끼에게까지 거슬러 올라가게 되고, 사자가 모든 동물을 데리고 그 자리에 가 보니 꿀밤이 서너 개 떨어져 있었습니다.

우리는 지금 어디를 향하여 항해하고 있는 것일까요?

목적지가 분명하다면 언젠가는 도착할 것입니다.

어디를 가고 있는지도 모르고 맹목적으로 자신의 삶을 몰고 가지는 않는지요?

흰말과 검정말

어리석고 겁 많은 무사가 있었습니다.

그는 싸움터에서 늘 검정말을 타고 싸웠습니다.

전쟁이 터져 이번에도 그는 검정말을 타고 전쟁터로 갔습니다. 그러나 그는 적이 두려워 감히 싸우려 나서지도 못했습니다.

'내가 여기서 죽는다면 사랑하는 아내와 귀여운 자식은 어찌 될까? 그리고 아버지, 어머니와도 영영 이별이겠지.'

그는 다시 생각해 보았습니다.

'그래도 명색이 무사인데, 한번 싸워 보지도 않고 물러설 수는 없지.'

그러나 싸워야겠다고 마음을 먹으면 먹을수록 겁이 더 났습니다.

'에라, 모르겠다. 죽느니보다 사는 것이 낫지.'

그는 죽은 사람의 몸에 묻은 피를 자기의 얼굴에 칠하고 죽은 체하며 시체들 사이에 누워 있었습니다. 그가 탔던 검정말은 다른 사람이 빼앗아 타고 가 버렸습니다.

전쟁이 끝나자 군사들은 모두 집으로 돌아갔습니다.

그도 집으로 돌아가려고 하였습니다. 그러나 집에 돌아갔을 때 전쟁터에서 싸웠던 것을 증명할 길이 없었습니다.

마침 옆에 흰말이 죽어 있었습니다.

'옳지, 이 말의 꼬리를 베어 가지고 가면 되겠군.'

그는 흰말의 꼬리를 베어 들고 고향으로 돌아왔습니다.

고향 사람들이 물었습니다.

"자네가 탔던 말은 어쩌고 빈몸으로 돌아오는가?"

그는 천연덕스럽게 대답했습니다.

"가엾게도 전쟁터에서 죽었다네, 마음이 아팠지만 어쩔 수가 없었네. 그래서 말의 꼬리를 베어 가지고 왔다네."

그러자 곁에 있던 사람이 또 물었습니다.

"아니, 그 꼬리는 흰색이 아닌가? 자네가 탔던 말은 분명 검정말이었는데?"

그는 할 말이 없었습니다.

결국 그의 비겁한 행동이 탄로나서 많은 사람들로부터 비웃음을 사고 말았습니다.

호랑이 한 마리가 어슬렁어슬렁 숲길을 걷다가 사냥꾼이 파 놓은 덫에 빠졌습니다. 덫에 빠진 호랑이는 아무리 애를 써도 덫에서 빠져나올 수가 없었습니다.

때마침 여우 한 마리가 그 곁을 지나갔습니다. 호랑이는 여우에게 살려 달라고 애원했습니다.

여우는 이번 기회에 호랑이에게 은혜를 베풀어 평소에 호랑이에게 불만이 있던 마음을 풀고 싶었습니다. 그래서 칡덩굴을 이어서 호랑이를 덫에서 올려 주었습니다. 덫에서 나온 호랑이는 여우의 목을 움켜쥐고는 잡아먹으려고 으르렁거렸습니다.

마침 그 곁을 지나가는 토끼를 불러 여우는 억울함을 판결해 달라고 했습니다. 이야기를 다 들은 토끼는 가만히 생각하는 척하다가 호랑이에게 말했습니다.

"호랑이님, 정확하게 판결하기 위해서 다시 덫으로 들어가 보셔야겠습니다."

어리석은 호랑이는 토끼의 말을 듣고 덫으로 뛰어들었습니다. 그러자 여우와 토끼는 비겁한 호랑이를 놀리면서 달아나 버렸습니다.

세상 사람들도 그와 같습니다.

스스로 인자한 마음을 잘 닦아 술이나 고기 따위를 먹지 않는다고 말합니다. 그리고 자신은 그 사회의 지도자감이라고 자처합니다. 그러나 중생을 핍박하고 드러나지 않는 악이란 악은 모조리 저지릅니다.

이런 자는 언젠가 역사 앞에서 준엄한 심판을 받게 될 것입니다. 비겁함과 거짓은 언젠가는 드러나게 마련입니다.

불쌍한 낙타

어떤 사람이 낙타 한 마리를 기르고 있었습니다.

하루는 그 낙타가 주인이 없는 사이에 독 속에 담아 둔 곡식을 먹었습니다. 그런데 곡식을 다 먹고 머리를 빼려고 하는데 독의 아가리가 작아서 빠지지 않았습니다.

밖에서 돌아와 이 광경을 본 주인은 걱정이 태산 같았습니다. 어떻게 하면 낙타도 상하지 않고 독도 그대로 보존할 수 있을까 고민했습니다.

주인은 어떤 노인을 찾아가 물었습니다.

"영감님, 우리 집의 낙타 놈이 머리를 독 속에 처넣고 곡식을 먹다가 머리가 빠지지 않아 큰일났어요. 무슨 좋은 방도가 없을까요?"

노인은 안경 너머로 눈을 깜박거리며 이렇게 말했습니다.

"쯧쯧, 그거 안됐군. 그러나 한 가지 방법이 있지."

"방법이라뇨? 그게 무엇입니까?"

노인은 말했습니다.

"낙타의 목을 자르는 걸세. 그리고 독도 깨는 것이고."

"그렇지만 낙타를 죽이면 안 됩니다."

"죽이기는, 이 사람아. 목을 자른 뒤 다시 이으면 될 것이며, 독도 깨뜨렸다가 다시 붙이면 되니 내가 시키는 대로 하면 다 해결이 된다네."

그는 대답했습니다.

"그렇습니다. 영감님의 지혜야말로 위대하군요."

그는 곧장 집으로 돌아와 날이 시퍼런 칼을 잡고 낙타의 목을 베었습니다. 그리고 독도 깨뜨렸습니다.

그런데 이게 어찌 된 일입니까?

아무리 낙타의 목을 이으려 했지만 한번 베어낸 목은 이어지지 않았습니다. 조각난 독도 붙이려 해도 붙지 않았습니다.

그는 결국 낙타와 독을 모두 잃고 말았습니다. 그리하여 많은 사람들로부터 비웃음거리가 되었습니다.

우리의 삶은 얼마나 깨어 있는지 한 번씩 되돌아봅시다.

나의 삶은 진리를 추구하는 데 얼마나 철저한가?

나의 삶은 청빈하게 사는 데 얼마나 철저한가?

나의 삶은 깨끗하게 사는 데 얼마나 철저한가?

나의 삶은 바르게 사는 데 얼마나 철저한가?

나의 삶은 탄력 있게 사는 데 얼마나 철저한가?

바른 윤리가 흩어져 버리면 자신의 내부에 존재하고 있는 진실과 양심을 모두 잃어버리게 됩니다.

어리석은 자가 순간의 이익과 편안함을 위하여 오계를 깨뜨려 진실과 양심을 잃어버리는 것은 낙타와 독 모두를 잃는 것과 같은 것입니다.

지혜로운 자는 자신의 이익과 순간적인 편안함을 극복하여 오계를 지킴으로써 진실과 양심을 가슴 가득 채워 세상에 으뜸가는 복밭을 가꿉니다.

무엇이 더 귀한가?

어떤 장사꾼이 하루는 낙타 등에 진귀한 보물과 귀한 비단을 싣고 장으로 팔러 가고 있었습니다.

그런데 가는 도중에 낙타가 갑자기 쓰러져 죽었습니다.

장사꾼은 죽은 낙타의 가죽을 벗기고는 함께 가던 두 하인에게 말했습니다.

"얘들아, 낙타 가죽을 잘 살펴서 물에 젖거나 썩지 않게 간직하여라."

그러고는 다시 낙타를 구하러 길을 떠났습니다.

그런데 갑자기 날이 어두워지기 시작하면서 시꺼먼 먹구름이 하늘을 뒤덮더니 비가 억수같이 쏟아졌습니다.

두 하인은 주인이 낙타 가죽을 잘 보호하라고 한 말이 생각나서 낙타 가죽이 비에 젖지 않도록 하기 위해 비단을 덮고 있던 흰 천으로 낙타 가죽을 덮었습니다.

그러나 비를 맞은 비단은 모두 못쓰게 되고 말았습니다.

이튿날 주인이 새 낙타를 구해 돌아와 보니, 값비싼 비단이 모두 못쓰게 되어 있었습니다.

낙타 가죽보다 비단이 훨씬 귀하고 비싼 물건이었기 때문에 주인은 몹시 화가 나서 어리석은 하인들을 내쫓아 버렸습니다.

세상의 어리석은 사람도 그와 같습니다.

흰 천은 우리의 몸과 마음을 비유한 것입니다. 낙타 가죽은 세상의 보잘 것없는 이익을, 좋은 비단은 부처님의 진리를 비유한 것입니다.

사람들은 작은 이익에 눈이 어두워 부처님의 진리인 비단을 구하기 위해 힘쓰지 않고, 보잘것없는 낙타 가죽을 구하기 위해 우리의 몸과 마음을 소모합니다.

근본을 구하지 않음으로써 진리에서 쫓겨나 윤회의 굴레에서 벗어나지 못하고 떠돌아다니게 됩니다.

낙타 가죽을 쉽게 구할 수 있는 것처럼 다른 나라의 기술은 쉽게 배워 흉내낼 수 있습니다.

그러나 시간이 지나 더 발전된 기술을 개발하면 근본 원리의 축적에 의해서만 가능하다는 것을 알게 됩니다. 처음에는 힘이 들더지만 근원적인 원리의 습득이 무엇보다도 중요합니다. 공부도 하는 방법을 터득하고 나면 공부하기가 훨씬 수월해집니다.

공주를 사모한 농부

한 농부가 도시를 구경하고 싶었습니다. 농부는 곡식을 팔아 여비를 마련해 길을 떠났습니다.

농부가 사는 나라의 공주는 뛰어난 미인이었습니다. 공주가 아름다운 옷을 걸치고 사뿐사뿐 걸을 때에는 그야말로 천상의 선녀 같다는 소문이 자자했습니다.

농부가 도시에 도착했을 때, 마침 공주는 궁궐에서 가마를 타고 거리로 나왔습니다. 백성들은 공주의 행렬을 구경했습니다. 농부도 사람들 틈에 끼어 공주의 행차를 눈여겨보다가 그만 기절하고 말았습니다.

너무나 아름다운 공주의 모습에 반했기 때문이었습니다.

농부는 공주를 사모하게 되었습니다. 농부는 공주를 한 번 더 보고 싶어 궁궐 주위만 빙빙 돌았습니다. 농부는 도시에서 궁궐 주위를 서성거리는 것 외에는 아무것도 할 수 없었습니다. 농부는 여비가 다 떨어져서 하는 수 없이 고향으로 돌아왔습니다.

고향에 돌아온 그는 공주 생각으로 일할 의욕을 잃고 마침내 상

사병에 걸려 몸져눕고 말았습니다.

가족들은 그가 왜 병이 났는지, 무슨 병인지도 몰랐습니다. 그는 날이 갈수록 야위어 갔고 밤에는 헛소리까지 했습니다. 의사가 진찰을 해도 병명을 알아내지 못했습니다.

친척들이 몰려와서 걱정스럽게 물었습니다.

"무슨 일인가? 제발 말을 좀 하게. 그래야 우리가 도와줄 것 아닌가?"

그는 마침내 입을 열었습니다.

"전에 도시에 갔을 때 공주의 모습을 보았다오. 그런데 그 모습이 너무나 아름다워 공주를 본 순간부터 사모하게 되어 병이 난 것이오. 나는 이대로 죽을 것 같소. 죽기 전에 공주를 한 번만이라도 볼 수 있으면 여한이 없겠소."

친척들이 말했습니다.

"우리가 무슨 수를 써서라도 꼭 뜻을 이루게 해 줄 테니 걱정 말게나."

그리고 얼마 후에 다시 친척들이 찾아와 그에게 말했습니다.

"우리가 자네를 위해 노력했지만 공주가 허락을 하지 않고 있다네. 조금만 기다리게. 틀림없이 공주의 허락을 받아내겠네."

농부는 이 말을 듣고는 매우 기뻐하며 '틀림없이 잘 될 것이다' 라고 생각하였습니다. 그래서 아무것도 하지 않고 공주에게서 연락이 오기만을 기다렸습니다. 더구나 공주가 자신을 부르면 자신은 이 나라의 권세가가 되어 온갖 영화를 누릴 것이라고 큰소리치며 지냈습니다.

그러나 농부가 늙어 버릴 때까지 아무런 연락이 없었습니다. 그는 그만 인생을 놀고만 지내는 것으로 허비하고 말았습니다.

어리석은 자는 노력하지 않고 대가를 바랍니다.

진실의 열매는 뿌린 것만큼 거두게 되는 법입니다. 봄에 씨 뿌리고 여름에 땀을 흘린 농부는 풍성한 가을을 맞이하듯이 성실하고 진실된 삶을 영위한 사람은 그에 상응한 결과를 받게 마련입니다.

지혜로운 자는 겨울에 봄에 뿌릴 씨앗을 생각하고 있습니다. 무엇인가 얻기를 바라면서 노력하지 않는다면 시간만 허비하게 될 것입니다.

주위에 일확천금을 노리며 입으로 사는 사람은 없는지요? 순간적으로 세상을 속일 수는 있어도 진실은 드러나게 마련입니다. 이 세상에서 가장 고귀한 것과 영원한 것은 피땀의 대가로 주어집니다.

드는 것과 지는 것

무우원이란 동산을 갖고 있는 임금이 있었습니다. 무우원이란 동산은 어떤 사람이든 그곳에 가면 모든 걱정이 사라지는 아주 희한한 곳이었습니다.

그래서 임금님은 정사에 시달려 머리가 아프면 무우원에서 모든 것을 잊고 쉬었습니다.

그날도 임금님은 무우원에 가기 위해 신하에게 말했습니다.

"지금 무우원에 갈 터이니, 앉아서 쉴 수 있도록 궤짝 하나를 그곳에 갖다 두도록 하라."

그러자 신하는 이렇게 대답했습니다.

"저는 어떤 물건이든지 들 수가 없습니다. 대신 지고 가겠습니다."

그러나 임금은 신하가 궤짝을 지고 가는 것이 창피스러워 이렇게 말했습니다.

"들고 가려면 하나를 가져가고, 지고 가려면 서른여섯 개의 궤짝을 가져가도록 하라."

그러자 신하는 대답했습니다.

"서른여섯 개의 궤짝을 지고 갈지언정 한 개의 궤짝을 들고 가는 것은 싫습니다."

임금이 말했습니다.

"좋도록 하라. 그 대신 서른여섯 개의 궤짝을 모두 지고 가도록 하라."

신하는 매우 좋아하면서 서른여섯 개의 궤짝을 한꺼번에 다 짊어지고 땀을 흘리며 무우원 동산으로 갔습니다. 이 사실이 온 장안에 퍼져 백성들의 웃음거리가 되었습니다.

세상 사람들도 이와 같습니다.

여자의 머리털 하나가 땅에 떨어진 것을 보고 '나는 계율을 지키는 사람이다' 라고 하며 그것을 집으려 하지 않습니다. 그러다가 서른여섯 가지 더러운 것에 홀리어 털, 손톱, 이, 똥, 오줌 등은 더럽다고 하지 않습니다.

마치 어리석은 신하가 궤짝 하나를 드는 것을 창피하다고 생각하여 서른여섯 개의 궤짝을 지고 헛되이 수고만 하는 것과 같습니다.

지혜로운 사람은 돈과 권력으로부터 벗어나 돈과 권력을 부릴 줄 알지만, 돈과 권력이 영원한 것이라 여기는 어리석은 사람은 돈과 권력의 노예가 되어 평생 돈과 권력에 얽매여 삽니다.

지혜로운 자는 육신과 정신의 굴레에서 벗어나 큰 자유를 누리며 살아가지만, 어리석은 자는 육신과 정신의 굴레에 빠져 평생 노예 생활을 면치 못할 것입니다.

얼마나 많은 사람들이 돈의 노예로, 권력의 노예로, 명예의 노예로 살아가는지 한번 되돌아봅시다.

열매 따는 법

어떤 나라에 어리석은 왕이 있었습니다.

궁궐 뜰에는 왕이 아끼는 나무 한그루가 잘 자라고 있었습니다.

왕은 늘 그 나무 밑으로 신하들을 불러 놓고 나무에 대해 자랑했습니다.

왕이 하루는 나무 아래에서 쉬고 있는데 한 신하가 다가갔습니다. 왕은 그에게 말했습니다.

"이 나무는 장차 맛있는 열매를 맺을 것이다. 그대는 그때 이 열매를 한번 먹어 보지 않겠는가?"

그러자 신하는 고개를 갸우뚱거리며 말했습니다.

"이 나무는 키가 크고 줄기가 굵어 열매를 딸 수가 없을 것 같습니다."

왕은 난처해하며 물었습니다.

"그러면 어떻게 하면 좋겠는가?"

그는 대답했습니다.

"방법은 단 한 가지뿐입니다. 나무를 베어 열매를 따고 나서 다시

210

심는 방법입니다."

왕은 그의 말이 옳다고 생각했습니다.

가을이 되자, 나무의 열매가 탐스럽게 익었습니다. 먹음직스러운 열매가 주렁주렁 달려 보기만 해도 군침이 돌 지경이었습니다.

드디어 왕은 나무를 베라고 명령했습니다.

그러나 신하가 톱으로 나무를 베자, 나무가 넘어지면서 잘 익은 열매들이 몽땅 터지고 뭉개져 쓸모가 없게 되었습니다. 게다가 가까스로 나무를 일으켜 심었으나 겨울이 닥쳐 나무는 뿌리가 생기기도 전에 얼어 죽고 말았습니다.

진리의 왕이신 부처님께서는 계율의 나무가 있어 훌륭한 열매를 맺습니다. 그 열매를 먹으려면 올바르게 계율을 지키고 공덕을 닦아야 합니다.

그러나 우리는 과일과 나무를 잃어버린 어리석은 왕과 같이 계율도 어기고, 계율을 지키며 쌓은 공덕마저 망치며, 심지어 계율을 비방하기도 합니다.

부처님은 사람들이 세상을 살아가면서 지켜야 할 기본 윤리로 열 가지를 강조하였습니다.

첫째, 산 목숨을 죽이지 말라.

둘째, 거짓말을 하지 말라.

셋째, 도둑질을 하지 말라.

넷째, 삿된 음행을 하지 말라.

다섯째, 술을 먹지 말라.(정신을 혼미하게 하지 말라.)

여섯째, 항상 겸손한 마음으로 자신의 편안함을 구하지 말며 항상 어려운 이웃들을 생각하라.

일곱째, 육신은 수행을 위해서 있는 것임을 명심하여 몸을 사치스럽게 치장하거나 향수를 바르거나 하는 등 사치를 하지 말라.

여덟째, 광대처럼 노래하고 춤추지 말 것이며 구경도 하지 말라.

아홉째, 금·은 따위의 보물과 재물을 지나치게 모으지 말라.

열째, 먹는 것은 후각과 촉각과 몸을 즐기기 위한 것이 아니라 수행하기 위해서 몸을 지탱하기 위한 것임을 명심하라.

'산 목숨을 죽이지 말라'는 것은 인간의 생명뿐만 아니라 미물에 이르기까지 뭇 생명들의 생명 또한 똑같이 존귀함을 말하고 있습니다. 우리가 물고기나 새나 사슴 등 다른 생명을 유희의 대상으로 하여도 좋은 것인지 한 번 생각해 봅시다.

남의 물건을 훔치는 것만이 도둑질이 아닙니다. 자기가 갖고 있는 것을 이웃과 함께 나누어야 할 때 나누어 갖지 않음도 도둑질인 것입니다.

우리 사회에 만연해 있는 이웃 간의 불화, 이데올로기에 의한 사회 문제, 국가 간의 전쟁 등은 기본 윤리를 지키지 않아 우리에게 주어지는 과보임을 현명한 사람은 직시할 것입니다.

부디 자애로우소서.

자신과 이 세상을 구하는 유일한 열쇠입니다.

버선을 머리에 뒤집어쓴 도적

어느 나라에 도적이 있었습니다.

도적은 왕의 창고에 쌓아 놓은 재물을 훔쳐 멀리 도망을 갔습니다. 왕은 전국에 명을 내려 마침내 도적을 잡아들였습니다. 도적이 지니고 있는 물건 중에는 왕의 옷도 있었습니다. 왕이 옷의 출처를 캐물었습니다.

그러자 도적은 천연덕스럽게 대답했습니다.

"이 옷은 우리 할아버지가 입고 계시던 것입니다."

왕은 그 옷을 입어 보라고 하였습니다. 그런데 도적은 본래부터 있던 옷이 아니기 때문에 입는 방법을 잘 몰랐습니다. 팔에 끼어야 할 것을 다리에 끼고, 허리에 매어야 할 것을 머리에 썼습니다. 수건으로 발을 싸매고 버선은 머리에 뒤집어썼습니다.

왕은 도적의 이러한 행동을 보고 말했습니다.

"진짜 그 옷이 너의 할아버지가 입던 옷이라면 제대로 입을 줄 알아야 할 것이 아니겠느냐?"

"그런 것이 아니고, 저어……."

"닥쳐라, 왜 윗옷은 아래에 입고 아래옷은 위에 입느냐? 입을 줄 모르는 것을 보니 틀림없이 도둑질한 것이렷다!"

이 이야기에서, 왕은 부처님이고 보배가 가득 쌓인 창고는 부처님의 가르침이고 어리석은 도적은 어리석은 사람들과 같습니다.

사람들이 부처님의 가르침을 훔쳐서는 자기들의 것이라고 행세합니다. 그러나 부처님의 가르침을 바르게 알지 못하여 그 참된 뜻을 모릅니다.

마치 저 도적이 왕의 옷을 훔쳐서 제대로 입을 줄 몰라 위아래를 뒤바꾸어 입은 것과 같은 꼴입니다.

이 세상에는 여러 종류의 노예가 있습니다.

힘의 정복에 의한 정치적 노예가 있는가 하면, 경쟁사회에서는 경제윤리의 무분별에 의한 경제적 노예가 있으며, 더 나아가서는 독자적 문화의 결핍에 의한 정신적 노예가 있습니다.

옛날에는 힘의 지배에 의하여 영토를 빼앗겨야만 노예가 되는 줄 알았습니다.

오늘날에는 가만히 앉아서 노예 노릇을 하는 경우가 허다합니다.

내게 돈이 천 원 있을 때 옆의 친구에게서 백 원을 빌린다면 별 무리가 없습니다. 만약 만 원을 빌린다고 한다면 내 전 재산의 열 배나 되어 내 것이 있는지 혹은 내가 친구에게 어느 정도 예속되어 있는지 알 수 없습니다.

가장 큰 적은 우리 것의 소중함을 모르는 정신적 노예 근성이며, 이것이 이 사회에 만연해 있습니다.

청자연적, 파격의 미를 알고 계시겠지요?

우리 것 70퍼센트 정도에 다른 나라의 좋은 점 30퍼센트 정도를 보탠다면 멋들어진 삶의 마당이 이 땅에서 출연될 것입니다.

우리 모두 도적같이 다른 사람의 옷을 걸치고 자기 것인 양 착각하고 있지나 않은지 한 번쯤 되돌아보는 시간을 가져 봅시다.

순금의 귀고리

아버지와 아들이 있었는데 아버지는 매우 어리석은 사람이었습니다. 아버지는 아들을 귀여워하여 아들의 귀에 순금으로 된 귀고리를 달아 주었습니다.

하루는 아버지와 아들이 먼 길을 떠나게 되었습니다.

산길로 막 접어들었을 때, 갑자기 길 양쪽에 숨어 있던 산적들이 나타났습니다. 아버지는 산적들이 뛰어나오는 것을 보고 앞서 가던 아들을 불렀습니다. 아들은 아버지가 부르는 소리에 멈추어 섰습니다.

아버지는 아들의 금귀고리가 걱정되어 귀고리를 손으로 잡아당겼습니다. 귀고리는 귀에서 떨어지지 않고 아들은 귀가 떨어져 나가는 듯한 고통을 당했습니다.

"아야야! 아버지, 귀가 아픕니다."

아버지는 손을 떼었습니다.

이때 산적들이 소리쳤습니다.

"이놈아, 가진 것이 있으면 다 내놓아라. 그러지 않으면 살려 두지 않겠다."

아버지는 당황했습니다. 산적에게 금귀고리를 빼앗길 것을 생각하니 너무 아까웠습니다.

'그렇지. 우선 귀고리가 떨어지지 않으니 목을 베어 가지고 달아났다가 나중에 와서 붙이면 되겠구나.'

이렇게 생각한 아버지는 칼을 뽑아 아들의 목을 단칼에 베었습니다. 그리고는 죽을 힘을 다해 도망쳐 겨우 목숨을 구했습니다.

한편, 산적들은 사람이 달아나 버리자 그만 돌아갔고 아들은 목이 잘려 죽었습니다.

얼마 후, 아버지는 조심스럽게 아들이 있는 곳으로 돌아왔습니다.

'이제 산적들이 가 버렸으니 아이의 머리를 도로 붙여 놓아야겠구나.'

아버지는 쓰러진 아들의 몸통을 일으켜 세우고 잘린 머리를 올려 놓았습니다.

그러나 아무리 해도 잘린 머리는 다시 붙지 않았습니다. 결국 그는 금귀고리를 아끼려다가 아들을 죽이고 말았습니다. 아버지는 슬픔에 빠져 귀고리도 내팽개쳤습니다.

우리는 세상을 살아가면서 가족에 얽매이고, 사회에 얽매여 집착의 덩어리만 키워 갑니다. 모든 것이 자신의 소유가 되어야만 만족하는 탐심은 집착으로부터 생깁니다.

재물 때문에 집착이 생긴다는 것을 깨달은 방거사는 평생 모은 재산을 바다에 버리고 하루하루 품팔이 생활을 하면서 살았습니다.

현대인들은 챙길 줄만 알지 버릴 줄은 모르는 고질병을 앓고 있습니다.

어리석은 자는 아들의 귀고리에 집착하였다가 귀고리와 아들을 모두 잃어버리지만, 지혜로운 자는 버려야 할 때 버릴 줄 알아 자신과 이웃 모두를 얻게 됩니다.

귀신 싸움의 원인

비사사라는 두 귀신이 있었습니다.

두 귀신은 비밀상자 하나와 빨간 지팡이 한 개, 코가 뾰족하게 생긴 신발 한 켤레를 가지고 있었습니다.

그들은 서로 그것을 가지려고 다투었습니다. 그때 한 신선이 다가와서 다투는 두 귀신을 보고 물었습니다.

"그대들은 왜 이리 싸우고 있느냐?"

두 귀신은 대답했습니다.

"이 상자와 지팡이와 신발을 서로 차지하려고 다투는 것입니다."

신선이 다시 물었습니다.

"그 물건들이 얼마나 소중한 것이기에 그토록 화를 내며 싸우는가?"

귀신들은 대답했습니다.

"이 상자는 원하기만 하면 무엇이든지 나옵니다. 그리고 이 빨간 지팡이를 잡고 있으면, 모든 원수가 항복하고 감히 다투려 하지 못합니다. 그리고 이 신발을 신으면 자유롭게 공중으로 날아다닐 수 있습니다."

신선은 이 말을 듣고 귀신들에게 말했습니다.

"너희들은 우선 조금 떨어져 있어라. 그러면 너희들에게 골고루 나누어 줄 테니."

두 귀신은 고개를 갸우뚱거리면서도 물건을 가질 욕심으로 자리를 피해 주었습니다. 그 신선은 상자를 안고 지팡이를 짚고 신발을 신자 그만 하늘로 날아가고 말았습니다.

두 귀신은 깜짝 놀랐으나 때는 이미 늦었습니다. 어찌할 바를 몰라 쩔쩔매는 그 두 귀신에게 신선은 말했습니다.

"나는 지금 너희들의 싸움의 근원을 가지고 간다. 너희의 다툼을 없애 주는 것이니 앞으로는 다툴 일이 없을 것이다."

여기에서 비사사란 우리를 미혹케 하는 온갖 마귀를 가리킵니다.

즉, 상자는 보시를 비유한 말로서 모든 생활의 방편은 보시를 함으로써 생기며, 지팡이는 선정을 가리키는 비유로서 선정 앞에는 어떤 원수나 번뇌도 무릎을 꿇게 됨을 비유한 가르침입니다. 또 신발은 계율을 일컫는 비유로서 계율을 잘 지키면 고해를 떠나 인간세상이나 천상에 날 수 있음을 가르칩니다.

그리고 마귀들이 상자를 놓고 다투는 것은 모든 번뇌 속에 있으면서 억지로 좋은 과보를 구하려고 해도 아무런 소득이 없음을 비유한 것입니다.

만약 선행, 보시, 계율, 선정을 닦아 행하면 괴로움을 떠나 도의 결과를 얻게 될 것입니다.

이 세상에는 사람의 수만큼 고뇌도 많고 행복도 많습니다. 고통은 이웃과 나누어 가짐으로써 반으로 줄어들고, 행복은 이웃과 나누면 배로 늘어납니다.

서로 가지려고 다투면 모든 것을 잃게 된다는 것을 우리는 종종 체험합니다. 우리가 차지하는 공간이 작으면 작을수록 베풀어 주는 보시에 대한 마음이 절실한 법입니다.

가득 채워진 집에는 더 이상 채울 수가 없지만, 텅 비어 있는 집은 무엇으로든지 채울 수 있다는 것을 명심합시다.

복잡하고 어려운 현실입니다. 그렇지만 조그마한 불씨 하나가 온 산을 불살라 버릴 수 있습니다.

대명제는 언제나 우리 곁에 맴돌고 있는 진실입니다.

일 보러 갈 때와 나올 때

어떤 사람이 부처님의 말씀을 훔쳐다가 자신의 것인 양 썼습니다. 그 말씀을 들은 사람들이 감동하여 그대로 수행하고자 했습니다. 그러자 그는 이렇게 대답했습니다.

"나는 이익을 위해 부처님의 말을 빌려 와 중생을 교화하지만, 실제 나는 불교인이 아닌데 어떻게 수행할 수 있겠는가?"

또 이런 이야기가 있습니다.

옛날에 얼굴이 잘생기고 지혜로우며 재물도 많은 사람이 살고 있었습니다.

세상 사람들이 그를 침이 마르도록 칭찬했습니다.

그때 갑자기 어떤 사람이 나타나서 그를 '내 형님'이라고 불렀습니다.

그 까닭은 그에게 재물이 많기 때문에 그것을 얻어 쓰기 위해서였습니다. 그러나 재물을 얻어 쓰고 빚을 갚은 후에는 '내 형이 아니다'라고 하였습니다.

그러자 이웃사람이 말했습니다.

"자네는 간사한 사람이군. 재물이 필요하면 남을 형으로 삼고, 빚을 갚고 나서는 형이 아니라고 하니 '똥 누러 갈 때만 급하고 똥 누고 나서는 다른 소리 한다' 는 식이로군.

불교의 경전 중 〈보왕삼매경〉에 이런 구절이 있습니다.

'친구를 사귀되 내가 이롭기를 바라지 말라. 내가 이롭고자 하면 의리를 상하게 되나니 순결함으로써 사귐을 길게 하라.'

순간적으로 자기에게 이익이 되니까 찰떡같이 찰싹 달라붙고, 손해가 될 것 같으면 길가에 버려진 돌멩이 차듯 버리는 사람이 있습니다.

약초 중에는 처음 씹으면 쓴맛이 너무 강해 입에 넣고 있기조차 힘들다가, 한참 씹으면 서서히 단물이 나오고 향긋한 냄새가 입안을 가득 메우는 것이 있습니다.

이 세상은 살아갈수록 복잡하고 험악해져 다른 사람을 생각할 여유가 점점 없어지는 것이 우리의 현실입니다.

우리가 흔히 '잘산다, 행복하다' 라고 여기는 기준에서 삶을 한번 돌이켜 봅시다.

물질적인 풍요로움이 우리가 살아가는 데 있어서 가치 척도의 전부일까요? 물질적인 풍요로움은 우리의 삶을 편안하게 할 수는 있어도, 우리가 진정 행복해지는 데 필요충분조건이 아님을 명심합시다.

아무리 세상이 각박해도 순결한 양심을 지키면 이웃을, 사회를, 우주를 훈훈한 인정으로 가득 채울 수 있습니다.

다락에서 칼을 간 이야기

　매우 가난한 사람이 있었습니다. 그는 왕을 위해서 열심히 일했습니다.

　그런데 그는 날이 갈수록 몸이 야위어 갔습니다. 왕은 그것을 보고 가엾이 여겨 그에게 죽은 낙타 한 마리를 주었습니다.

　그는 왕에게서 받은 낙타의 가죽을 벗겨 시장에 내다 팔기로 했습니다. 그러나 칼이 무디어 가죽이 잘 벗겨지지 않았습니다. 그는 다락 위에서 숫돌을 찾아 칼을 갈고 아래층으로 내려와 가죽을 벗겼습니다. 칼이 워낙 무디었기 때문에, 그는 다락을 오르락내리락하며 칼을 갈고 가죽을 벗겼습니다.

　마침내 그는 지쳐 버렸습니다.

　그는 오르내리지도 못하고 낙타를 다락에 매달아 둔 채 칼만 갈고 있었습니다.

　이것은 사람들이 계율을 어기면서 재물을 많이 얻어, 그것으로 복을 닦아 천국에 태어나기를 바라는 것과 같은 것입니다. 낙타를 매달아 두고 다락에 올라가 칼을 가는 것처럼 노력은 많이 하나 소득은 매우 적다는 비유입니다.

고여 있는 물은 썩게 마련입니다.

고정된 관념은 어리석음을 불러오는 근원입니다.

아리스토텔레스의 생각이 천여 년 동안 그대로 받아들여지다가, 중세에 이르러 인간회복운동이 일어나자 반성하기 시작합니다. 신 중심의 고정관념이 르네상스를 통하여 깨어지면서 인간 중심 의식이 전 유럽에 확산됩니다.

우리 주위에는 역사의 잔재들이 많이 남아 있습니다.

선인들의 지혜는 그대로 본받아 더 빛나게 해야 하며, 불합리한 역사의 잔재는 조상 대대로 내려온 전통이라 하더라도 과감하게 버리고 바로잡는 용기가 필요합니다.

어리석은 사람이 숫돌을 아래층으로 가져올 줄 모르고 무거운 낙타를 메고 올라가는 그런 어리석음을 우리는 그대로 답습하고 있지나 않은지 생각해 봅시다.

고정관념을 깨뜨리는 작업에서 지혜는 자라나며, 역사는 더 큰 걸음으로 나아갈 수 있습니다.

훔친 물건을 나누는 도적 회의

도적들이 훔친 재물들을 나누려고 회의를 열었습니다.

"지금부터 우리가 훔친 재물을 나누기 위해 회의를 시작하겠습니다. 의견이 있으면 말씀해 보십시오."

한 도적이 일어나 말했습니다.

"가능한 한 고르게 분배해야 합니다. 그런데 우리 도적들 중에 못난이가 한 사람 있습니다. 그는 도적질을 할 때 우리에게 이로움을 준 적이 별로 없습니다. 그에게 가장 허름한 녹야홈바라를 주는 것이 마땅하다고 생각합니다."

"좋소."

모두가 박수를 치면서 만장일치로 찬성하였습니다. 그래서 녹야홈바라를 못난이에게 주었습니다. 녹야홈바라는 빛깔이 바랜 낡은 천이었는데, 도적들은 그것이 제일 나쁜 것이라 생각했던 것입니다.

못난이는 화가 치밀어 올랐지만, 회의에서 결정한 일이므로 어쩔 수 없이 그것을 받아 가지고 성 안으로 들어가 팔았습니다.

여러 귀족과 장자들이 녹야홈바라를 비싼 값으로 샀습니다.

사실 녹야홈바라는 아주 오래된 것이긴 하나 구하기 어려운 귀한

천이었습니다. 다른 도적들이 갖고 있는 물건보다 곱절이나 비싼 것이었습니다.

못난이는 한없이 기뻐서 날뛰었습니다.

원시경전에 '빈녀일등' 의 이야기가 있습니다.

부처님 당시 사위성에 한 가난한 여인이 있었습니다.

어느 날, 성 안으로 갔더니 온 성이 떠들썩하여 영문을 몰라 지나가는 사람에게 물었습니다.

"부처님이 제자들과 함께 석 달 동안 성 안에 머무신답니다. 왕은 부처님과 스님들을 위하여 석 달 동안 옷과 침구와 음식과 약을 공양하고, 오늘밤에도 수만 개의 등불을 켜서 연등회를 연다고 합니다. 그래서 온 성이 이렇게 북적거립니다."

이 말을 듣고 여인은 나도 등불을 하나 켜야겠다고 생각하고 그날 품팔이한 돈으로 기름을 사서 등불 공양을 올렸습니다.

그 여인은 '보잘것없는 등불이지만 이 공덕으로 다음 생에는 나도 부처가 될 것이다' 하고 간절히 기도하였습니다.

밤이 깊어 다른 등불은 다 꺼졌지만 이 등불만은 밝게 빛나고 있었습니다. 등불이 다 꺼지기 전에는 부처님이 잠자리에 들지 않으므로 제자 아난이 등불을 끄려고 아무리 애를 써도 등불은 꺼지지 않았습니다.

이를 보고 부처님이 아난에게 일렀습니다.

"아난아, 부질없이 애쓰지 말아라. 그것은 비록 작은 등불이지만 마음

착한 여인의 넓고 큰 서원과 정성으로 켜진 것이다. 여인은 이 등불의 공덕으로 다음 생에는 반드시 깨달음을 얻어 부처가 될 것이다."

순수한 정성은 삶을 지탱해 주는 원천이며, 우리의 삶을 밝혀 주는 빛입니다.

진짜 곰을 찾아라

어떤 아버지와 아들이 산길을 걸어가고 있었습니다. 산길을 한참 걸어가고 있는데 갑자기 앞서 가던 아들이 비명을 질렀습니다.

"앗, 곰이다! 사람 살려!"

곰이 아들에게 달려들었던 것입니다. 가까스로 도망친 아들은 뒤에 따라오고 있는 아버지에게로 달려왔습니다. 놀란 아버지는 갈기갈기 옷이 찢어지고 온몸에 상처를 입은 채 아들에게 물었습니다.

"아니, 무슨 일이냐?"

겁에 질린 아들은 벌벌 떨면서 더듬거렸습니다.

"검은 털로 덮인 덩치 큰 짐승이 저를 덮쳤습니다."

너무나 놀란 아들은 갑자기 곰의 이름이 생각나지 않았던 것입니다.

활과 화살을 챙긴 아버지는 아들을 해친 그 짐승을 찾아 산속으로 뛰어갔습니다. 산속에는 오래 전부터 한 노인이 수행을 하고 있었습니다.

오랫동안 세수를 하지 않은 얼굴은 검게 보이고 수염도 길게 자라 있었습니다. 아버지는 그 노인을 보는 순간, '옳지, 내 아들을 해치려고 한 놈이 바로 저기에 있구나' 하고 생각하였습니다.

아버지는 노인을 향하여 활을 겨누었습니다. 때마침 지나가던 나무꾼이 이 광경을 보고 놀라서 물었습니다.

"여보세요, 왜 저 도인에게 활을 겨누고 있습니까?"

"저 사람이 나의 아들을 해쳤소. 그래서 복수를 하려고 하는 것이오."

"여보세요, 자세히 알아보고 행동하십시오. 저 도인은 몇 년 동안 저렇게 앉아 있기만 하였는데, 어떻게 사람을 해칠 수 있겠습니까?"

불멸의 명저 〈손자병법〉을 보면 다음과 같은 구절이 있습니다.

'적을 알고 나를 알면 백전백승이요, 적을 모르고 나도 모르면 백전백패한다.'

집안에서도 어른의 마음을 잘 읽는 아이는 귀여움을 받습니다. 남녀 사이에서도 남자가 여자의 마음을 잘 읽고, 여자 또한 남자의 마음을 잘 읽을 때 진정한 사랑의 결실을 보게 됩니다. 직장에서도 마찬가지로 윗사람과 동료들의 마음을 잘 읽을 때 보람된 생활을 할 수 있을 것입니다.

상황을 정확하게 아는 것은 중요합니다. 따라서 그 상황을 비교 분석하여 정확하게 판단할 수 있는 능력은 더욱 더 중요한 것입니다.

보리씨 뿌리기

어떤 농부가 있었습니다. 사실 그 농부는 농사일에 대해서는 아는 것이 없었습니다.

어느 날, 그는 파릇파릇 싹이 올라온 보리를 보고 보리밭 주인을 찾아가 물었습니다.

"저기 밭에 파릇파릇하게 돋아난 것이 무엇입니까?"

주인이 대답했습니다.

"그것은 보리의 싹입니다."

"그러면 저것이 자라 보리쌀이 되는 것입니까?"

주인은 그렇다고 대답하였습니다. 그러자 농부는 보리 심는 방법을 자세히 물었습니다.

"땅을 평평하게 고르고 적당히 거름을 주면 보리가 잘 자랄 수 있습니다."

집으로 돌아온 농부는 보리밭 주인이 알려준 방법대로 밭을 고르고, 거름을 주고, 보리씨를 뿌리려 했습니다. 그런데 그는 문득 이런 생각이 들었습니다.

'씨를 뿌리기 위해서 왔다 갔다 하면서 흙을 밟아 버리면 땅이 굳어져 보리 싹이 잘 나지 않을지도 모르겠다. 평상을 밭에 가져다가 평상 위에서 씨앗을 뿌린다면 흙을 밟지 않고서도 씨를 뿌릴 수가 있겠구나.'

농부는 일꾼 4명을 데리고 밭에 가서 일꾼의 어깨에 평상을 메게 하고 자신은 평상 위에 올라가 보리씨를 뿌렸습니다. 무슨 영문인지 모르고 따라왔다가 농부가 하는 꼴을 본 일꾼들은 모두 비웃으며 집으로 돌아갔습니다.

우리도 이와 같습니다.

이미 계율의 밭을 갈아 보리의 좋은 싹이 나게 하려면 마땅히 스승에게로 나아가서 묻고, 가르침을 받아 행하여 진리의 세계로 들어가야만 합니다. 그런데 우리는 잘못된 생각으로 진리의 세계와는 반대 방향으로 나아갑니다. 또한 악한 일을 많이 행하여 계율의 싹을 틔우지 못하니 그것은 저 어리석은 농부와 같이 두 개의 발이 두려워 여덟 개의 발로 밟게 하는 것과 같습니다.

모르는 것만큼 무서운 것은 없습니다.

냉철하게 살펴보면 모든 죄악의 뿌리는 모르는 것에서부터 출발합니다. 탐욕스러운 마음도 결국 존재의 상관성을 배제한 채 자신밖에 모르는 데에서 출발합니다. 화내는 마음도 결국 상대방의 입장을 고려하지 않고 자신의 주장만을 옳다고 고집하는, 자신밖에 모르는 것에서부터 출발하는 것입니다. 즉, 자기 뜻대로 되어 주기를 바라는 마음이 이루어지지 않을 때 화가 나는 것입니다.

자신의 행위가 다른 사람들을 얼마나 불편하게 하는지 안다면 그런 행동을 할 수 있겠습니까? 자신의 행위가 이 사회를 얼마나 부패시키는지를 안다면 그런 행동을 할 수 있겠습니까?

우리는 모르고 행한 것에 대해서 쉽게 용서해 줍니다.

그러나 모른다는 것은 양심의 문제로서 더 큰 죄악임을 알아야 합니다.

원숭이의 원망

숲속에 원숭이가 한 마리 살고 있었습니다.

그는 즐거운 나날을 보내고 있었습니다. 원숭이가 살고 있는 숲에서 멀지 않은 곳에 한 마을이 있었습니다.

하루는 그 마을에 살고 있는 아버지와 아들이 숲으로 놀러 와서 즐겁게 놀고 있는 원숭이를 보았습니다. 그런데 원숭이가 나무 위에서 열매를 따다가 마침 그곳을 지나가고 있는 아버지의 머리 위에 떨어뜨리고 말았습니다. 아버지는 화가 나서 원숭이를 붙잡아 혼내 주었습니다.

그 후, 아들이 볼일이 있어 이 숲을 지나갈 때마다 혼이 난 원숭이는 그 아버지 대신 아들을 원망하였습니다.

우리들도 이와 같습니다.

남에게 미움을 사면 그것에 대하여 보복하려고 합니다. 그리하여 과거에 일어났던 사건이 현재로 연결되는 것입니다. 어리석은 원숭이가 아버지에게서 꾸중을 듣고 대신 아들을 원망하는 것처럼, 어리석은 사람은 과거에 있었던 원망의 마음을 쉬지 못하고 계속 원망하고 미워함으로써 결국에는 자신을 파멸시키고 맙니다.

자기보다 강한 사람에게는 비굴해지고 약한 사람에게는 군림하려는 사람보다 더 불행한 사람은 없습니다.

이러한 사람은 자신의 이익을 위해서는 수단과 방법을 가리지 않습니다. 자기에게 돌아오는 천 원의 이익을 위해서 회사가 만 원을 손해본다고 해도 그 일을 행할 사람입니다. 자기에게 수백만 원의 이익이 돌아온다면 나라도 팔아먹을 사람입니다. 순간적인 생각으로 이익을 보는 것 같지만 결국 그렇지 않습니다.

세상은 공평합니다. 지금 이익을 본 만큼 수년 후에 혹은 수백 년 후에 기필코 그 손해가 돌아오게 되어 있습니다.

지구의 공해를 한번 보십시오. 결국 우리가 자연을 훼손한 만큼 자연은 태풍이나 홍수나 가뭄과 같은 천재지변으로 우리에게 되돌려 줍니다.

빛을 찾아 나서라

거짓과 어둠을 좋아하는 아수라왕이 해와 달을 가려 버렸습니다. 그러자 한 신하가 물었습니다.

"왕이시여! 무슨 까닭으로 해와 달을 가렸습니까?"

"밝은 것이 싫어서 가려 버렸느니라."

그러자 신하가 또 물었습니다.

"해와 달이 무슨 잘못이라도 저질렀습니까?"

"그렇지는 않네. 단지 저 밝은 것이 기분 나쁘기 때문일세."

우리들도 이와 같습니다.

탐욕과 성냄과 어리석음으로 자신의 몸을 괴롭힙니다. 가시밭 위에 눕기도 하고, 뜨거운 불 위에서 견디기도 하면서 억울하게 자신의 몸을 괴롭힙니다.

부모를 잘 만난 아이들은 성장하는 데 어려움이 없습니다. 윗사람이 바르고 뛰어난 사람이라면 그 밑에서 일하기는 매우 수월합니다. 머리가 좋고 성품이 온화한 사람을 주인으로 모시고 있는 육신은 쓸데없는 고생을 하지 않으며, 행동하기가 훨씬 수월합니다.

　반면에 부모를 잘못 만난 아이가 제대로 성장하려면 부모를 잘 만난 아이보다 수십 배의 노력을 해야 합니다. 윗사람이 권모술수나 꾀하고 아부하기를 좋아한다면, 그 밑에서 일하는 사람은 뛰어난 윗사람을 모시고 있는 사람보다 수십 배의 노력이 필요합니다. 머리가 뛰어나지 못한 주인을 만난 육신은 쉽게 다치기도 하고, 똑같은 일을 하는데도 뛰어난 머리를 가지고 있는 육신보다 몇 배의 노력을 해야 합니다.

　뛰어남만이 이 세상 모든 것을 향상시키는 원동력임을 깊이 인식합시다. 뛰어남은 관조에 의해서만 주어지는 능력인 것입니다.

한 톨의 콩 때문에

숲속에 원숭이 한 마리가 살고 있었습니다. 원숭이는 배가 고프면 마을에 있는 콩밭으로 가서 콩을 따먹었습니다.

어느 날, 배가 몹시 고픈 원숭이는 콩밭으로 가서 콩을 실컷 따먹고는 나중에 먹을 콩도 한 움큼 따 가지고 숲으로 돌아왔습니다.

그런데 오는 도중에 그만 잘못하여 콩 한 알을 땅에 떨어뜨렸습니다.

원숭이는 떨어진 콩 한 알을 주우려다가 손에 쥐고 있던 한 움큼의 콩을 다 쏟아 버리고 말았습니다. 그러자 산새들은 잔치라도 난 듯 날아와 콩을 다 주워 먹었습니다. 지켜보고 있던 원숭이가 화가 나서 말했습니다.

"야! 이놈들아, 남의 콩을 다 주워 먹으면 어떻게 하니?"

그러자 산새들이 짹짹거리며 대답했습니다.

"야! 이 멍청한 원숭아, 콩 한 알 주우려고 한 움큼의 콩을 다 버리면 어떻게 하니?"

원숭이는 아무런 말도 할 수가 없었습니다.

집을 떠나 수행하는 수행자도 이와 같습니다.

한 가지 계율을 범하고도 참회하지 않습니다. 참회하지 않기 때문에 더욱 방일해져 결국에는 모든 계율을 범하여 자신을 파멸시키고 마는 것입니다.

어리석은 원숭이가 콩 한 알을 줍기 위하여 한 움큼의 콩을 버리는 것과 같습니다.

육지가 바다의 수면보다 낮아 항상 불안한 나라가 네덜란드입니다.

비가 심하게 내리는 어느 날, 어린 학생이 집으로 가는 길에 바닷물을 막기 위해 쌓아 놓은 둑에서 물이 새는 것을 보았습니다. 처음에는 손가락으로 물을 막기 시작했습니다. 그러나 시간이 지날수록 구멍은 조금씩 커졌습니다.

다음날 날이 밝아 마을 사람들이 둑에 모여들었을 때, 그 아이는 온몸으로 구멍을 막고 있었습니다. 한 아이의 용감한 정신으로 수백만 명의 목숨을 구하게 되었던 것입니다. 이 일화의 사실 여부는 그리 중요하지 않습니다. 우리는 그 속에 담긴 교훈을 마음에 새기면 되는 것입니다.

세상의 모든 이치는 똑같습니다. 우리 몸의 병도 초기에 치료하면 금방 나을 수 있는데, 괜찮겠지 하는 생각으로 내버려 두면 나중에 치명적인 병이 되어 자신의 목숨을 앗아 갑니다.

사회의 부패도 발견했을 때 바로 제거하면 큰 문제가 되지 않는데, 한 번 두 번 눈감아 주면 돌이킬 수 없는 지경에 이르러 결국에는 쿠데타나 전쟁으로 이어지게 됩니다.

우리도 자신의 잘못된 점은 그때그때 반성하고 참회하여 고질화되기 전에 없애야 한다는 것을 명심합시다.

금족제비를 얻다

어떤 사람이 길을 가다가 덫에 걸려 버둥거리는 짐승을 발견하고 덫을 풀어 주었습니다.

그런데 덫을 풀어 주며 자세히 살펴보니 그것은 금족제비였습니다. 자비심이 많은 그는 다리를 다친 금족제비를 차마 그냥 두고 떠날 수가 없어 자신의 품에 안고 길을 떠났습니다.

한참을 걸어가니 큰 강이 앞을 가로막고 있었습니다. 얼마나 깊은지 알아보려고 옷을 벗고 강으로 들어갔습니다. 그사이에 금족제비는 독사로 변했습니다. 그 사람이 물 밖으로 나와 보니 금족제비는 온데간데없고 독사가 한 마리 보였습니다. 독사의 몸에 상처가 있었습니다.

그 사람은 이렇게 생각했습니다.

'아! 독사를 품에 품고 있으면 금족제비로 다시 변할지 모르겠구나.'

그는 다른 독사를 찾아 나섰습니다.

여러 날을 찾아다닌 끝에 마침내 독사 한 마리를 발견했습니다.

그리고 그 독사를 잡아 품에 안자마자 독사에게 물려 죽고 말았습니다.

세상의 어리석은 사람도 이와 같습니다.

다른 사람이 이익을 얻는 것을 보고 욕심이 생겨 진실한 마음이 없으면서도 아는 체합니다. 탐욕을 부리다가 목숨을 잃게 되면 지옥에 떨어지고 맙니다. 어리석은 사람이 금에 대한 탐욕 때문에 독사를 품고 가다가 오히려 독사에게 물려 죽은 것과 똑같습니다.

지극한 마음은 모든 것을 이루어지게 하며 또한 모든 것을 변화시킵니다. 의심이 없이 100퍼센트 믿음뿐일 때 그 일은 이루어집니다.

오세암에서 있었던 일입니다.

오세암에는 스님 한 분과 다섯 살 된 어린 동자가 살고 있었습니다. 가을이 깊어지자 스님은 겨울 양식을 준비하러 마을로 내려갔습니다. 어린 동자를 혼자 두고 가는 것이 걱정스러워서 스님은 동자에게 말했습니다. '관세음보살'을 지극한 마음으로 부르면 무서움이 없어지고, '관세음보살'을 천 번 부르는 동안 마을에서 돌아온다고 했습니다.

스님이 마을에 도착하자마자 눈이 내리기 시작하였습니다. 많은 눈이 내렸습니다. 그 눈이 다 녹으려면 내년 사월까지 기다려야만 했습니다. 스님은 오세암에 혼자 두고 온 어린 동자 때문에 발을 동동 굴렀지만 어쩔 도리가 없었습니다.

스님은 돌아가는 것을 포기하고 눈이 녹기만을 기다렸습니다. 오세암에 남아 있는 동자는 스님이 시킨 대로 일념으로 '관세음보살'을 부르다가 염불삼매에 들었습니다.

　어느덧 지루한 겨울이 지나고 봄바람에 눈이 녹기 시작했습니다. 스님은 마을 사람들과 함께 오세암으로 달음질쳤습니다.

　법당 문을 여는 순간, 스님은 전신이 굳어지는 것 같았습니다. 어린 동자의 입에서는 '관세음보살'을 부르는 또랑또랑한 소리가 그때까지 흘러 나오고 있었던 것입니다.

돈 대신 날아온 욕

먹고사는 데 부족함이 없는 사람이 있었습니다. 그러나 평소 욕심이 많던 그는 남의 것 탐내기를 좋아하였습니다.

하루는 길을 가다가 땅에 떨어져 있는 지갑을 주웠습니다. 지갑을 열어 보니 돈이 가득 들어 있어서 신이 난 그가 소리쳤습니다.

"와! 오늘 횡재했구나."

앞서 가던 지갑 주인의 귀에 이 소리가 들렸습니다. 그러자 지갑 주인은 자신의 지갑이 없어진 것을 알고 정신없이 돈을 세고 있는 그 사람에게 다가가서 말했습니다.

"그것은 내 지갑일세. 돌려주게."

주인은 재빨리 지갑을 낚아채 가지고는 '그놈, 뻔뻔스럽기는……. 남의 돈을 갖고 좋아하다니! 괘씸한 놈 같으니' 하고 욕을 하면서 가 버렸습니다.

깜짝 놀라 멍하게 있다가 정신을 차리고 보니 돈지갑은 없어지고 욕만 얻어먹은 셈이었습니다.

좋은 인연으로 부처님의 법을 만난 사람도 그렇습니다. 비록 삼보의 복밭을 만났더라도 부지런히 닦고 행하지 않다가 죽음에 이르면 지옥이나 축생의 과보를 받게 됩니다. 돈을 주웠다가 좋은 일에 써 보지도 못하고 도로 주인에게 빼앗기는 것과 같은 일입니다.

오늘은 이 일을 경영하고
내일은 저 일을 만들어서
욕심을 부리며 인생을 즐기다가
죽음의 도적 오는 줄도 모른다.

부처님은 전생 수행 시절에 바른말 한 구절을 듣기 위하여 몸을 던지기도 하였습니다.

부처님이 전생에 호명이란 이름으로 히말라야산에서 홀로 정진하며 수행하고 있을 때, 제석천왕이 나찰로 변하여 부처님의 수행력을 시험하였습니다. 나찰은 수행자의 반대편 나무 위에 앉아서 게송을 읊었습니다.

형상이 있는 모든 것은 영원하지 않아서(諸行無常)
끝없이 났다가 없어지나니(是生滅法)

이 소리를 듣고 수행자의 가슴은 환희로 가득 찼습니다. 누가 이 법을 말하는가?

소리나는 쪽을 쳐다보니 힘상궂게 생긴 나찰이 나무 위에 앉아 있었습니다. 수행자는 나찰에게 나머지를 마저 읊어 달라고 사정하였습니다.

나찰은 몸을 던져 보시한다면 나머지를 말해주겠다고 하였습니다. 수행자는 그렇게 하겠다고 약속하였습니다. 그러자 나찰은 게송의 뒷부분을 읊었습니다.

나고 없어지는 법 깨닫고 나면(生滅滅已)
진리의 바다 고요하여 즐거우리라.(寂滅爲樂)

수행자는 이 소리를 듣고 조용히 합장하며 자신의 몸을 던졌습니다. 몸을 던지자 그곳에서 깨달음의 꽃이 피어났습니다.

우리에게 기회는 여러 번 오지 않습니다. 평소에 준비가 되어 있는 사람만이 기회가 왔을 때 그 기회를 자신을 변화시키는 계기로 삼을 수 있습니다.

가난한 사람의 욕심

어떤 가난한 사람이 열심히 일하여 약간의 재물을 모았습니다.

하루는 이웃마을 부잣집에 놀러 갔습니다. 부잣집 주인은 친절히 맞이하면서 자신의 많은 재산을 자랑했습니다.

가난한 사람은 부자의 이야기를 듣고 자신도 재산을 모으기 위하여 더욱 더 열심히 일하기로 마음먹었습니다. 그러나 열심히 일했지만 재산은 쉽게 모이지 않았습니다.

하루는 일을 하다가 이런 생각을 하였습니다.

'아무리 일을 해도 부잣집처럼 재산이 모이지 않으니 차라리 지금까지 모아 둔 재산으로 술이나 실컷 먹어 버려야겠다.'

그 후로는 일도 하지 않고 술이나 먹고 노름이나 하면서 지냈습니다. 옆에서 지켜보던 한 친구가 물었습니다.

"그렇게 착실하던 자네가 갑자기 왜 이렇게 변했나?"

"한번은 이웃에 사는 부잣집에 놀러 갔다가 그의 재산 모은 이야기를 듣고, 나도 그와 같이 해 보려고 열심히 일했지만 돈이 잘 모이질 않았네. 그래서 얼마 안 되는 재산을 모두 써 버리는 중이네."

친구가 말했습니다.

"자네의 재산은 비록 부자와 비교하면 보잘것없지만 자네가 땀 흘리며 일해서 모은 귀한 재산이 아닌가? 다 어리석은 생각이라네."

어리석은 사람도 이와 같습니다.

집을 떠나 수행을 열심히 하여 조금의 성과라도 있으면 그것에 만족할 줄 알고 값진 줄 알아야 하는데 항상 부족하다고 생각합니다. 나이가 많아서 덕이 높고 본래부터 아는 것이 많은 사람이 다른 사람들로부터 공경을 받는 것을 보면 시기와 질투를 하게 됩니다. 그래서 괴로워하다가 도 닦기를 집어치우고 세상의 욕망만 채우려고 합니다.

그것은 어리석은 사람이 부자가 되려고 조금 노력해 보다가 되지 않으니까 모아 둔 재물마저 다 없애 버리는 것과 같은 것입니다.

자신의 분수를 알고 적절하게 자신을 다스릴 줄 아는 사람이 현명한 사람입니다.

민주주의와 자유주의가 정착되면서 우리가 바로 이해해야 할 가장 중요한 개념이 자유와 평등입니다. 진정한 자유는 멋대로 행동하는 방종이 아닙니다. 진정한 자유는 질서를 지키면서 양심에 어긋나지 않고 다른 사람에게 피해를 주지 않으면서 자기를 다스릴 줄 아는 것입니다.

평등이라는 것도 돈 있는 사람과 돈 없는 사람, 권력을 가진 사람과 권력이 없는 사람, 능력이 있는 사람과 능력이 없는 사람 모두 똑같이 대우하는 것이 아닙니다.

우리는 민주주의를 외치면서 자유를 바르게 실천하는 능력을 배양하지 않고 있습니다. 현실을 직시하여 자신의 분수에 따라 자족할 줄 아는 성숙된 사회는 성숙된 의식 속에서 이루어지는 것입니다.

어린아이와 구슬

어떤 유모가 아이를 안고 길을 가고 있었습니다. 봄날이라 따뜻한 햇살이 온 대지를 비추고 새싹들이 움트고 있었습니다. 유모는 졸음이 오면서 노곤함을 느꼈습니다.

그래서 유모는 아이를 안고 길 옆에서 잠깐 졸았습니다. 아이는 유모의 품속에 있는 족집게, 패물 등 유모의 귀중한 물건들을 가지고 혼자서 놀았습니다.

어떤 사람이 그 앞을 지나가다가 놀고 있는 아이를 보고서 가까이 다가갔습니다. 아이가 값진 물건을 가지고 노는 것을 보고는 슬그머니 욕심이 생겼습니다.

그래서 주머니에 있는 구슬을 아이에게 주고 아이가 갖고 놀던 패물을 가지고 가 버렸습니다.

비구들도 이와 같습니다.

포교를 한다고 하여 온갖 일을 벌여 놓고 조그마한 재물이 들어오면 그것을 탐하다가 번뇌의 도적에게 수행의 공덕과 계율의 보배를 모두 **빼앗겨** 버립니다. 인생이 영원한 줄 알고 향락에 빠져 목숨을 앗아 가는 죽음이 오는 것도 까맣게 잊어버립니다.

그것은 마치 어린아이가 귀한 패물을 가지고 놀다가 구슬 때문에 자신이 갖고 있던 귀한 패물을 모두 잃어버린 것과 같은 것입니다.

우리 주위에는 항상 온갖 유혹들이 도사리고 있습니다. 조국을 위하여, 다른 사람을 위하여, 또는 자신의 생애를 값진 것에 바치겠다고 결심한 사람은 어떠한 시련이나 유혹도 이겨내고 자신의 길을 걸어갑니다.

'어떻게 살 것인가?'

'무엇을 하고 살 것인가?'

어린 시절부터 인생의 지침이 분명하지 못한 사람은 주위의 조그마한 유혹에도 말려들고 맙니다. 힘든 일이 닥치면 이겨내지 못하고 꺾여 버립니다.

젊어서 인생에 실패한 사람은 평생 괴로움을 받습니다. 스스로 노력하여 방정식을 풀었다면 몇 년이 지난 후에도 역시 그 문제를 풀 수 있습니다. 그러나 어려운 미적분 문제를 풀어 보지 못한 사람이 몇 년이 지났다고 해서 미적분 문제를 풀 수 있겠습니까?

같은 이치입니다. 이생에서 못 푼 문제는 다음 생에서도 마찬가지로 해결이 되지 않습니다. 언젠가는 반드시 스스로 풀어야만 해결됩니다.

죽을 목숨 살려 줬더니

봄이 찾아왔습니다. 사람들은 쌓인 먼지를 털어내고 집 안 대청소를 하고 봄 마중하러 산으로 들로 나갔습니다.

한 노파는 봄기운의 노곤함을 이기지 못하고 큰 나무 밑에 자리를 깔고 누웠습니다. 때마침 겨울잠에서 깨어난 곰 한 마리가 그 나무 곁을 지나다가 자고 있는 노파를 발견하였습니다.

으르렁대는 곰의 소리를 듣고 노파는 잠이 깨었습니다. 너무나 놀란 노파는 나무를 맴돌면서 곰을 피하려고 했습니다. 곰은 노파 뒤를 바짝 따라붙었습니다.

곰은 한 발로 나뭇등걸을 잡고 한 발로는 노파를 잡으려고 버둥거렸습니다. 노파는 급한 나머지, 곁에 있는 나뭇가지를 잡아 나뭇등걸에 올려놓은 곰의 발을 눌렀습니다. 그러자 곰은 눌린 발을 빼려고 노파를 잡으려던 발까지 나뭇등걸 쪽으로 가져갔습니다.

이때 노파는 재빨리 큰 돌로 곰의 두 앞발을 눌러 꼼짝 못하게 하였습니다.

때마침 한 사나이가 그 옆을 지나갔습니다. 노파는 다급히 불렀습니다.

"여보세요, 젊은 양반! 날 좀 살려 주구려. 힘을 합쳐 이놈의 곰을 잡도록 하세."

그는 노파의 말을 듣고 곰에게 덤벼들었습니다.

곰은 젊은 남자를 향해 으르렁거리면서 달려들었습니다. 그러자 노파는 곰을 버리고 허둥지둥 달아나 버렸습니다. 젊은 사람은 곰과 싸우다가 큰 상처를 입고 겨우 달아났습니다.

학창 시절 도서관에서 밤새워 가며 공부하는 학생들이 있는가 하면, 게임방이나 술집에서 놀며 보내는 학생들도 있습니다.

마침 시험 날이 되어 시험을 치릅니다. 공부를 열심히 한 학생은 부지런히 답안을 채워 넣고 나옵니다. 공부를 하지 않은 학생은 컨닝 페이퍼를 만들어 유유히 답안을 채워 넣고 나옵니다.

성적표를 받아 보니 밤새워 공부한 학생보다 컨닝한 학생의 성적이 더 잘 나옵니다. 장학금은 컨닝한 학생에게 돌아갑니다. 컨닝을 하는 학생들은 죄의식이 전혀 없습니다. 그까짓 컨닝 좀 하면 어때, 하는 표정입니다.

결국 학교 다닐 때 공부 도둑질한 학생이 사회에 나와서도 부정한 방법으로 돈과 권력을 도둑질하게 되어 있습니다. 자신의 이익을 위해서는 남은 어떻게 되어도 좋다는 식의 생각은 바로 정직하지 못한 데서 나오는 것입니다. 정직함은 무엇보다도 소중한 자산임을 명심합시다.

마니와 마니주

어떤 마을에 매우 아름다운 부인이 살고 있었습니다. 뛰어난 미인이었기 때문에 마을 남자들은 그녀를 흠모했습니다.

어느 날, 남편이 멀리 일을 보러 가게 되었습니다. 그러자 이웃에 살던 남자가 그녀의 집으로 와서 사랑을 나누었습니다. 그런데 갑자기 떠났던 남편이 돌아왔습니다. 남편은 방문 앞에 낯선 남자의 신발이 있는 것을 발견한 순간 두 눈에선 불꽃이 튀었습니다. 방으로 뛰어들어가려다가 잠시 마음을 가다듬었습니다.

'그럴 것이 아니라 문 밖에서 기다리다가 나오면 없애 버리자.'

그는 숨을 죽이며 문 밖에서 남자가 나오기만을 기다렸습니다. 남편이 온 것을 눈치챈 부인은 그 남자에게 말했습니다.

"남편이 돌아왔어요. 문 밖에서 지키고 있는 것 같아요. 도망갈 수 있는 곳은 저 마니(수챗구멍)밖에 없으니 저리로 빨리 들어가세요."

그 남자는 마니를 마니주로 잘못 들었습니다. 아무리 찾아도 마니주는 보이지 않았습니다. 결국 그 남자는 없는 마니주를 찾다가 남편에게 잡혀 죽임을 당하고 말았습니다.

어리석은 사람들도 이와 같습니다.

아무리 제행무상과 제법무아를 가르쳐도 믿지 않습니다. '내'가 있다고 생각하고 자신이 영원히 사는 줄로 착각하고 있습니다. 그러다가 진리의 세계로 들어오지 못하고 덧없이 죽게 되어 지옥이나 축생의 세계에 떨어지게 됩니다.

그것은 사람이 마니가 수챗구멍인 줄 모르고 마니주로 착각하여 부질없이 목숨을 잃는 것과 같습니다.

우리의 육신이 음식을 먹고 지탱하듯이 우리의 정신은 관조를 먹고 성숙됩니다. 몸에 좋다는 것은 수백만 원을 투자해서라도 선뜻 구하면서 정신을 성숙시키는 데는 돈을 투자할 줄 모릅니다.

빈부의 차이가 심해지면 전쟁이 일어나듯이 정신과 육신의 괴리가 커지면 병을 앓게 됩니다. 이것이 극심해지면 육신에는 암이라는 불치의 병이 들게 되고 정신에는 정신병이 들게 됩니다.

수억 겁을 내려오면서 우리에게 쌓인 습관의 결과로 육신을 즐겁게 하는 주색잡기는 말려도 하게 되고, 자신을 성숙시키는 명상이나 관조는 말리는 사람이 없는데도 하지 않습니다. 이 몸이 언제나 청춘이 아니듯이 육신을 움직일 수 있을 때 육신과 정신을 잘 다스려 지혜로운 삶을 살아갑시다.

어리석은 비둘기 남편

비둘기 부부가 정답게 살고 있었습니다. 가을이 되어 잘 익은 과일을 물어다가 둥지를 가득 채웠습니다. 둥지에 가득 찼던 과일은 시간이 지나면서 수분이 빠져 반으로 줄어들었습니다.

어리석은 수비둘기는 암비둘기가 자기 몰래 혼자서 먹었다고 생각했습니다. 그래서 화가 난 수비둘기는 통명스럽게 말했습니다.

"왜 과일을 혼자서 먹었어?"

"과일을 혼자서 먹다니 그런 터무니없는 말이 어디 있어요? 과일은 맛도 보지 않았는데."

"이것 보라고. 과일이 반밖에 없잖아."

과일을 보니 정말 반밖에 없었습니다. 암비둘기는 절대로 자신이 먹지 않았다고 소리쳤습니다. 그러다가 둘은 싸움을 하게 되었습니다.

몸을 많이 다친 암비둘기는 마침내 수비둘기를 원망하면서 죽어갔습니다.

얼마 후 많은 비가 내려 둥지에까지 비가 스며들었습니다. 그러자 반으로 줄었던 과일이 물기를 머금어 다시 둥지에 가득 찼습니다. 이를 본 수비둘기는 그제야 자신의 잘못을 뉘우쳤지만 소용이 없었습니다. 한번 이 세상을 떠난 암비둘기는 다시 돌아오지 않았습니다.

어리석은 사람도 이와 같습니다.
잘못된 생각으로 망령되이 쾌락을 누리면서 세월의 덧없음을 보지 못하고 계율을 범하다가 죽음에 다다라서야 후회합니다.
이미 지나가 버린 세월은 후회한들 돌이킬 수가 없습니다. 그것은 어리석은 수비둘기와 같습니다.

우리가 무엇을 알고 있다는 지식적인 문제는 지혜의 입장에서 보면 아무 쓸모가 없는 것입니다. 그러나 냉정히 관찰해 보면 지혜와 지식은 둘이 아니라 하나라는 것을 알 수 있습니다.
옛날 사람들은 왜 해가 동쪽에서 뜨고 서쪽으로 지는지 몰랐기 때문에 신비롭기만 했습니다. 지금 우리들은 태양계의 구조를 알고 지구가 태양의 주위를 돌고 있기 때문에 해가 동쪽에서 뜨고 서쪽으로 지는 것처럼 보인다는 것을 알게 되었습니다.
이러한 단순한 과학적 지식을 알고 있는 사람과 모르고 있는 사람을 비교해 보면, 사물을 관조하고 바르게 보는 지혜적인 면에서도 큰 차이가 있음을 알 수 있습니다.

공부를 열심히 하는 학생과 육신이 하자는 대로 노는 학생을 비교하는 것도 같은 이치입니다. 공부를 잘하는 항생은 잘하는 만큼 원하는 일을 할 수 있는 기회가 많이 주어지고 좋은 직장을 갖게 될 확률이 크며, 공부를 못하는 학생은 못하는 만큼 일할 수 있는 기회가 적은 것이며 좋은 직장을 가질 확률이 낮아집니다.

지식은 우리가 인생을 바르게 사는 데 중요한 양식입니다.

눈을 떠 세상을 보라

어떤 기술자가 왕궁에서 일을 했습니다. 일이 너무 고되어 몸이 괴로웠습니다. 꾀를 부리고 싶었지만 그럴 수도 없었습니다. 그러던 어느 날 묘안이 떠올랐습니다.

'그렇지. 갑자기 눈이 멀었다고 하면 되겠군. 설마 눈이 먼 사람을 부려먹지는 않겠지.'

그는 거짓 장님이 되어 다른 사람의 부축을 받으며 왕 앞으로 나아가 말했습니다.

"대왕이시여, 아뢰옵기 황공하오나 갑자기 눈이 잘 보이지 않습니다."

왕은 깜짝 놀랐습니다.

"아니, 눈이 보이지 않는다고? 그동안 그대는 나를 위하여 많은 일을 하였다. 이제 편히 쉬도록 하여라."

"대왕이시여, 감사합니다."

기술자는 고향으로 돌아와 나라에서 준 돈으로 편안히 여생을 보내게 되었습니다.

'나도 장님 행세를 해야겠구나.'

이를 본 다른 기술자가 송곳으로 자신의 눈을 찌르려 했습니다. 그러자 옆에 있던 사람이 말리면서 말했습니다.

"어쩌자고 눈을 송곳으로 찌르려고 하는 것이오?"

그러자 그는 왕궁의 일이 너무 고되고 힘들어서 꾀를 부려 왕궁의 일에서 벗어나려 한다고 말했습니다.

세상 사람들도 이와 같습니다.

조그마한 명예와 이익을 위하여 거짓말을 하고 청정한 계율을 어기고 지키지 않습니다. 계율을 범하면서 살다가 결국 죽음에 이르러 지옥에 떨어지게 됩니다.

그것은 저 어리석은 사람이 조그마한 이익과 자신의 편안함을 위하여 스스로 제 눈을 찌르는 것과 같습니다.

인과응보는 분명히 있습니다.

한순간 편안하려고 자신의 눈을 찌르면 평생 봉사로 살아야 하는 불편한 과보를 받게 됩니다.

아무리 어렵고 힘든 일이라도 정당한 방법으로 해결하면, 자신의 능력도 인정받게 되고 정당한 과보를 받게 됩니다. 어리석은 사람은 눈앞의 이익을 위하여 세상을 속이려고 하지만, 지혜로운 사람은 진정한 이익을 위하여 진실을 말합니다.

도둑맞은 머저리

비단장수 두 사람이 비단을 지고 길을 떠났습니다.

두 사람은 숲속을 지나가다가 도적을 만났습니다. 한 사람은 길옆 나무 위로 몸을 숨겼는데 한 사람은 도적에게 붙들렸습니다. 붙들린 사람은 옷과 비단을 모두 도적에게 빼앗겼습니다. 그런데 옷속에는 금덩어리가 들어 있었습니다. 붙잡힌 사람이 도적에게 말했습니다.

"그 옷은 값이 나가지 않소. 대신 금덩어리를 줄 테니 그 옷을 돌려주시오."

금이라는 말에 도적은 눈이 번쩍 띄었습니다. 그는 도적이 갖고 있는 자신의 옷에서 금덩어리를 꺼냈습니다.

"이것이 바로 금입니다. 못 믿겠으면 저 나무 위에 연금술사가 있으니 물어 보시오."

도적은 금과 비단 모두를 가지고 갔습니다. 물론 옷도 돌려주지 않았습니다. 그리하여 어리석은 사람은 자신의 옷과 비단과 돈을 모두 잃었을 뿐 아니라 같이 가던 사람의 옷과 비단까지 잃게 만들었습니다.

우리도 이와 같습니다.

도를 닦으면서 온갖 번뇌를 지어 오히려 번뇌라는 도적에게 겁탈을 당하여 선법도 잃고 공덕도 잃는 것과 같습니다. 따라서 자신만 손해보는 것이 아니라 남의 이익까지 잃게 만드는 것입니다. 그리하여 결국 몸은 늙어 허물어지고 죽음에 이르러서는 지옥이나 축생의 세계에 떨어지게 됩니다.

그것은 저 어리석은 사람이 옷과 비단을 모두 잃은 것과 같습니다.

세상에는 비겁한 사람과 용감한 사람이 있습니다.

평소에는 누가 암까마귀이고 누가 수까마귀인지 모릅니다. 일단 극한 상황이 터지면 그 사람의 진정한 모습을 볼 수 있습니다. 만약 빌딩에 불이 났다거나 빌딩이 무너진다거나 할 때 비겁한 사람은 그런 상황을 보면 자기 혼자 피신하려고 빌딩 밖으로 뛰쳐나갑니다.

그러나 용감한 사람은 자신의 생명이 위태로움을 느끼면서도 비상벨을 찾아 빌딩 안에 있는 많은 사람들을 대피시키려고 합니다.

돈이 없을 때는 형제의 우애가 돈독합니다. 그러나 부모님이 돌아가셔서 유산 문제가 거론되면 모두 악마로 변합니다.

우리에게 돈과 권력이 주어지지 않았을 때는 비겁한 사람인지 용감한 사람인지 구별이 되지 않습니다. 그러나 권력과 돈이 주어지면 비겁한 사람과 용감한 사람은 확연하게 구별됩니다.

모든 인과는 던지면 다시 되돌아오는 부메랑처럼 자신에게로 돌아옵니다. 결국 다른 사람을 위하는 것이 자신을 위하는 것입니다.

거북을 잡은 어린이

어느 봄날, 따뜻한 햇살이 온 대지를 밝게 비추고 있었습니다. 한 아이가 갯벌에서 모래로 성을 쌓으며 놀고 있었습니다. 바다 쪽으로 거북 한 마리가 엉금엉금 기어가고 있었습니다.

아이는 뛰어가 거북을 잡았습니다. 거북을 실컷 가지고 놀다가 죽이고 싶은 생각이 들었습니다. 어떻게 죽여야 할까 망설이고 있는데 마침 한 어른이 지나갔습니다.

아이는 어른에게 물었습니다.

"아저씨, 거북을 죽이고 싶은데 어떻게 하면 죽일 수 있습니까?"

"그것은 쉽지. 거북이는 물속에서 살 수 없으니까 물속에 던져 버리면 죽게 될 거야."

아이는 가지고 놀던 거북을 물속에 던졌습니다. 물을 만난 거북은 기분이 좋아 물살을 헤치면서 멀리 사라졌습니다. 어린아이의 눈에는 그것이 물에 빠질까 봐 허우적거리는 것으로 보였습니다.

세상 사람들도 이와 같습니다.

여섯 가지 기관(눈, 코, 귀, 혀, 몸, 뜻)을 시켜 공덕을 쌓으려고 하지만 그 방법을 알기 위해 다른 사람에게 묻습니다. 그러나 진리를 보지 못한 사람은 다음과 같이 대답하여 육신과 마음을 망쳐 지옥의 불덩어리로 떨어지게 합니다.

"여섯 가지 경계를 뜻대로 받아들이고 다섯 가지 욕심을 마음대로 즐겨라. 보이는 대로, 들리는 대로, 냄새를 맡는 대로, 맛보는 대로, 부딪치는 대로, 생각나는 대로 마음껏 즐겨라. 그렇게 하면 해탈을 얻을 것이다."

술이나 향정신성 약물에 빠지는 것은 순간에 지나지 않습니다.

술에서 깨어나고 환상에서 벗어나면, 자신을 이겨내지 못하여 괴로워합니다. 그렇지만 공부나 수행을 하여 얻는 즐거움은 영원히 지속됩니다. 공부하고 수행한 만큼 자신의 삶은 성숙되는 것입니다.

모두가 잠자는 고요한 세상에 홀로 깨어 우주의 소리를 들어 보십시오. 깊은 산속에서 명상을 하고 있으면 새벽이 열리는 소리가 들려옵니다. 새벽에 일어나 자신의 본래 면목의 고향을 찾아가는 길인 '생명의 본질은 무엇인가?'를 생각하면서 자신을 관조할 수만 있다면 이생에서는 최상의 삶을 누릴 것입니다.

"이 뭐꼬?"

끝맺음의 노래

내가 지금 이 비유를 지음에
실없는 이야기를 한데 뒤섞어
진실한 말을 많이 그르친 것 같지만
이치의 옳고 그름을 본다.

마치 쓰고 독한 약물을
달콤한 꿀과 한데 섞으면
그 약은 모든 병을 낫게 하듯이
이 비유 또한 그와 같도다.

다른 법안의 우스개
그것은 마치 미친 약 같도다.
부처님의 바른 법은 매우 고요해
언제나 이 세상을 밝게 비춘다.

토하고 내리게 하는 약처럼
몸속을 편안케 하는 우유처럼
나는 지금 이런 이치로
극히 고요한 것을 파헤치노라.

그것은 마치 나뭇잎에 싼
좋은 고약처럼
상처에 고약을 바른 뒤에
그 나뭇잎은 버리듯이

우스갯말은 약을 싼 나뭇잎,
진실한 이치는 그 속에 싼 고약.
지혜로운 자는 바른 이치만 취하고
우스갯말에 따라가지 않는다.

존자 승가사나는
삼가 이 우화집을 지어 마치노라.

새로운 시작

부처님께서 사위성의 기원정사에 계실 때였습니다. 말룽캬는 조용한 숲에 홀로 앉아 생각했습니다.

'세계는 영원한 것인가? 유한한 것인가? 무한한 것인가? 생명과 몸은 같은 것인가? 목숨과 몸은 다른 것인가? 여래는 최후가 있는가, 없는가? 아니면 최후가 있지도 않고 없지도 않는가? 세존께서는 이와 같은 말씀은 전혀 하시지 않았다. 그러나 나는 그 같은 태도가 못마땅하고 이제는 더 참을 수가 없다. 부처님께서 세계는 영원하다고 말씀한다면 수행을 계속하겠지만, 영원하지 않다면 그를 비난하고 떠나야겠다.'

말룽캬는 해가 질 무렵 자리에서 일어나 부처님을 찾아갔습니다. 조금 전에 속으로 생각한 일을 말씀드리고 이렇게 덧붙였습니다.

"부처님께서는 저의 이 같은 생각에 대해서도 한결같이 진실한 것인지 허망한 것인지 기탄없이 말씀해 주십시오."

부처님은 물으셨습니다.

"말룽캬여, 내가 이전에 너에게 세상은 영원하다고 말했기 때문

268

에 너는 나를 따라 수행을 하고 있느냐?"

"아닙니다."

"그 밖의 의문에 대해서도, 내가 이전에 이것은 진실하고 다른 것은 허망하다고 말했기 때문에 나를 따라 도를 배우고 있느냐?"

"아닙니다."

"말룽캬여, 너는 참 어리석구나. 그런 문제에 대해서는 내가 일찍이 너에게 말한 적이 없고 너도 또한 내게 말한 적이 없는데, 너는 어째서 부질없는 생각으로 나를 비방하려고 하느냐?"

말룽캬는 부처님의 꾸지람을 듣고 머리를 숙인 채 말이 없었으나 여전히 의문이 가시지 않았습니다.

이때 부처님은 비구들을 향해 말씀하셨습니다.

"어떤 어리석은 사람이 '만약 부처님이 나에게 세계는 영원하다고 말하지 않는다면 나는 그를 따라 도를 배우지 않겠다'라고 생각한다면, 그는 그 문제를 풀지도 못한 채 도중에 목숨을 마치고 말 것이다. 또 이런 얘기가 있다. 어떤 사람이 독 묻은 화살을 맞아 견디기 어려운 고통을 받고 있을 때, 그 가족들은 의사를 부르려고 하였다. 그런데 그가 '아직 이 화살을 뽑아서는 안 됩니다. 나는 먼저 화살을 쏜 사람이 누구인지를 알아야겠소. 성은 무엇이고 이름은 무엇이며 어떤 신분인지를 알아야겠소. 그리고 그 활의 살이 뽕나무로 되었는지, 물푸레나무로 되었는지 알아야겠소. 화살을 어떤 나무로 만들었는지 알아야겠소. 또 화살 깃은 매 털인지, 독수리 털인지 아니면 닭 털로 되었는지를 먼저 알아야겠소'라고 말한다면, 그는 그것을 알기도 전에 온몸에 독이 번져 죽고 말 것이다. 세계가

269

영원하다거나 무상하다는 소견 때문에 나를 따라 수행한다면 그것은 옳지 않다. 세계가 영원하다거나 무상하다고 말하는 사람에게도 생로병사와 근심 걱정은 있다. 또 나는 세상이 무한하다거나 유한하다라고 단정적으로 말하지는 않는다. 해결해야만 할 문제를 해결하다 보면 그에 따른 다른 문제들은 어떤 시기에 이르면 자연적으로 해결된다. 그러면 내가 한결같이 말하는 법은 무엇인가? 그것은 곧 괴로움과 괴로움의 원인과 괴로움의 소멸과 괴로움을 소멸하는 길이다. 어째서 내가 이것을 한결같이 말하는가 하면, 이치에 맞고 법에 맞으며 수행인 동시에 지혜와 깨달음의 길이며 또한 열반의 길이기 때문이다. 너희들은 마땅히 이와 같이 알고 배우라.”

　부처님께서 영취산에 머물고 계실 때였습니다. 사교를 믿는 싱니티는 부처님을 한 번 골탕 먹이려고 마음을 먹었습니다. 하루는 영취산으로 부처님을 찾아가 자기 집에 부처님을 꼭 한 번 초대하고 싶다고 간청하자 부처님이 승낙하였습니다. 쾌재를 부르며 집으로 돌아온 그는 집 주위에 구덩이를 파고 음식엔 독을 넣어 먹기만 하면 죽게 만들었습니다.

　부처님께서는 많은 제자들과 함께 찬란하고 거룩한 걸음으로 싱니티의 집으로 향했습니다. 모든 보살이 꽃을 뿌리며 부처님을 축복하였습니다. 부처님께서 왕사성으로 들어서는 순간 세상은 진동하였으며 만물들은 생기가 넘쳐흘렀습니다. 병이 들어 아픔으로 고생하고 있던 사람들은 고통이 없어지며 병이 다 나았습니다. 눈먼 자는 눈을 떠 세상을 보게 되었고,

벙어리들은 갑자기 입이 터져 말을 할 수 있게 되었습니다. 왕사성의 모든 사람은 부처님께서 베푸신 기적에 감사드리며 싱니티의 집으로 모여들었습니다.

부처님이 싱니티의 집에 이르러 문 안으로 들어서는 순간, 싱니티가 파놓은 구덩이에서는 아름다운 연꽃이 피어나 부처님을 마중하였습니다. 싱니티는 이러한 기적에 놀라 부처님 앞으로 나아가 엎드려 죄를 빌었습니다.

자유로운 사람은 행위를 하되 행위의 대가에 대해서 집착하지 않습니다. 이 생각은 지금처럼 인생관이 혼란스럽고 삶의 의식이 불분명한 시대에 가장 잘 어울리는 구절입니다.

대학 졸업반이 되면 누구나 취직 때문에 한 번씩 열병을 앓게 마련입니다. 갑수는 한국대학에서 심리학을 공부한 학생이었습니다. 원래는 법학을 공부하고 싶었지만 성적이 모자라 심리학과를 지망하였으며, 4년 동안 계속 장학금을 받고 공부하였습니다.

이제 졸업반이 되어 취직하기 위하여 영어를 중심으로 1년 동안 열심히 공부하였습니다.

을수도 갑수와 같은 대학 같은 학과를 다니고 있는 학생인데, 고등학교 시절부터 심리학을 전공하고 싶어 프로이트, 융 등에 깊이 심취되어 있었습니다. 학교 성적은 그렇게 뛰어나지 않았지만 무난히 한국대학 심리학과에 합격하여 4년 동안 심리학에 깊이 빠져 심리학과 관련 있는 많은 서적들을 읽었으며, 평생 그 일에 몰두하기로 결심하였습니다.

자신의 삶의 문제에 대해서는 더욱 말할 것도 없지만, 취직 문제에 대해서도 마찬가지 결론이라는 것을 우리는 알아야 합니다.

취직하기 위해서 공부하는 갑수는 취직할 수도 있고 못할 수도 있지만, 자신의 삶의 성취를 위하여 공부하는 을수는 아무리 취직이 어렵다 하더라도 꼭 취직이 됩니다.

이것이 삶의 원리입니다.

행위에 대한 결과는 원래 없습니다. 행위 자체만 있을 뿐입니다.